Stimmen von morgen

SERIE PIPER
Band 1944

*Zu diesem Buch*

»Die künstlerische Qualität einer Kurzgeschichte liegt eher im Unscheinbaren als in der Sprachgewalt, wie sie sich in Romanen ausbreiten kann. Sie liegt in der Genauigkeit jedes Satzes, zu der auch die Genauigkeit zählt, mit der der Ausschnitt festgelegt wird«, resümiert die Herausgeberin Ulrike Bauer in ihrem Vorwort das literarische Ergebnis des Bettina-von-Arnim-Literaturpreises 1994. Dieser Wettbewerb, von der Zeitschrift »Brigitte« 1992 erstmals ausgeschrieben, ist der literarische Wettbewerb mit der größten Beteiligung im deutschen Sprachraum. Die Jury, bestehend aus Andreas Isenschmid, Bodo Kirchhoff, Sigrid Löffler, Ellen Pomikalko und Helga Schubert, vergab die diesjährigen Preise an Bärbel Reetz, Klaus Modick und Marcus Jensen. Der vorliegende Band enthält die besten Geschichten des Wettbewerbs, darunter natürlich auch die der drei Preisträger.

*Ulrike Bauer,* geboren 1952 in Offenbach. Studierte Psychologie, Soziologie und Pädagogik. Lebt in Frankfurt. Herausgeberin erfolgreicher Prosa-Anthologien (»Ewige Sekunden der Lust«).

# Stimmen von morgen

## Die besten Kurzgeschichten aus dem Bettina-von-Arnim-Preis 1994 der Zeitschrift »Brigitte«

Herausgegeben von
Ulrike Bauer

Piper
München Zürich

ISBN 3-492-11944-1
Originalausgabe
September 1994

Umschlag: Federico Luci,
unter Verwendung des Gemäldes »Die Musik« (1910)
von Henri Matisse
(© VG Bild-Kunst, Bonn 1994)
Gesamtherstellung: Clausen & Bosse, Leck
Printed in Germany

# INHALT

# *Vorwort*

Im September 1993 wurde zum dritten Mal der Bettina-von-Arnim-Preis ausgeschrieben. Bis Ende des Jahres gingen knapp 3000 Manuskripte in der Hamburger Redaktion ein – in den vorangegangenen Jahren waren es mehr als doppelt so viel. Was können Gründe sein für diesen Rückgang? Sind es die leeren Schubladen oder hat sich vielleicht herumgesprochen, daß der Bettina-von-Arnim-Preis zwar auch an einen Anfänger fallen kann, aber nur für eine literarische Kurzgeschichte vergeben wird, die diese Bezeichnung verdient. Auch wenn dem so wäre, beweisen die letztjährigen Einsendungen und vor allem der vorliegende Band, daß neben den drei Siegergeschichten noch eine ganze Anzahl anderer lesenswert sind (und es vielleicht voreilig war, einem nicht eingereichten Text zu wenig zugetraut zu haben).

Von den fünfundzwanzig Geschichten dieses Bandes sind sechs von Männern geschrieben, zwei dieser Männer zählen zu den Preisträgern. (Im ersten Jahr waren es zwei Frauen und ein Mann; im zweiten Jahr drei Frauen.) Die Themen unterscheiden sich nicht von den früheren, aber zum ersten Mal war es so, daß die Siegergeschichten die häufigsten Themen nicht widerspiegeln; auch das spricht dafür, daß der Preis jetzt mehr mit der Namensgeberin im weitesten Sinne verbunden wird als mit dem Veranstalter der Zeitschrift »Brigitte«, (in der viele fälschlicherweise eine Art Richtschnur für ihre Themen sahen).

Ganz frei von solchen Rücksichten ist sicher die Geschichte »Liebesdienste« von Marcus Jensen (26), der die Jury (Andreas Isenschmid, Bodo Kirchhoff, Sigrid Löffler, Ellen Pomikalko, Helga Schubert) den dritten Preis zuerkannte. Eine Witwe lotst einen jungen Mann in ihre Wohnung, offenbar will sie ihm einen Liebesdienst erweisen. Es beginnt ein Spiel mit überraschendem Ende – die Kurzgeschichte fordert ihr Recht.

Das Ausschnitthafte wird bei dem Text »Mandala« von Klaus

Modick (42), der den zweiten Preis erhielt, noch deutlicher. Ein Mann streift durch Tokio, er zieht nüchtern Vergleiche, die gewaltige Metropole verschwimmt nicht zur Exotik vor seinem Auge; er, und damit der Erzähler, durchwandert sie mit kühlem Blick, seine Berührtheit bleibt diskret.

Wie sehr die Beschränktheit auf wenigen Seiten dazu zwingt, vieles offenlassen zu müssen und damit auch die Chance gibt, in die leeren Räume, sofern sie präzise sind, viel hineinlegen zu können, zeigt sich am besten an der Geschichte »Virginia oder die Gleichzeitigkeit« von Bärbel Reetz (51), für die die Jury zum ersten Mal in den drei Jahren einmütig votiert hat. Eine Journalistin, beauftragt über Virginia Woolf zu schreiben, reist nach England, an den Lebensort der großen Autorin. Sie schreitet die letzten Wegstationen ihrer Heldin ab und dabei springt etwas von der Empfindsamkeit, die Virginia Woolf schließlich mit dem Leben bezahlt hat, auf sie über; »Die Hügel der Downs im Rükken marschierte ich durch das flache Tal. Noch immer kein Fluß. Hier mußte es gewesen sein. Kein schöner Spaziergang in dieser grauen Weite. Im März ist das Tal nackt, keine hohen Halme, kein Mohn, dessen helles Rot unter dem Wind zittert wie kleine Blutflecken auf grünem Kleid.« Die Journalistin, die Autorin, wird ein Teil ihrer Heldin, ohne sie zu kopieren. Eine Empathie, die ebenso plötzlich beginnt wie sie aufhört.

Die übrigen Geschichten in dem Band zeichnen sich vor allem durch ihre Pointiertheit, verbunden mit einer Alltagsthematik aus. Sie reißen etwas auf, das wir alle kennen – sozusagen kurze, auf das Wesentlichste zusammengedrängte Romane, deren Qualität von jedem sofort entdeckt werden kann. Es sind Geschichten – und das gilt für die ganze Gattung –, hinter denen sich die Autoren nicht verschanzen können (vielleicht zögern auch deshalb die Namhaften, sich an diesem Wettbewerb zu beteiligen).

Die Auslassung, die eben doch keine ist, macht wahrscheinlich die Schwierigkeit und am Ende die Kunst einer Kurzgeschichte aus – eine Kunst, die zu erreichen nicht den arrivierten Schriftstellerinnen und Schriftstellern vorbehalten ist; wer auch immer einen Ausschnitt gelebten Lebens sprachlich durchdringt, die Wirklichkeit dort entstehen läßt, wo sie einzig und allein über jeden Zweifel erhaben ist, innerhalb der Sprache, wird ein Stück

Literatur schaffen, ohne es unbedingt angestrebt zu haben. Die künstlerische Qualität einer Kurzgeschichte liegt eher im Unscheinbaren als in der Sprachgewalt, wie sie sich in Romanen ausbreiten kann. Sie liegt in der Genauigkeit jedes Satzes, zu der auch die Genauigkeit zählt, mit der der Ausschnitt festgelegt wird.

In einer Zeit, in der Sprache immer mehr zum Anhängsel von Bildern wird, eines im Grunde nie endenden Bilderflusses, ist gerade die Kurzgeschichte eine Erinnerung daran, daß allein die Sprache die Welt konstituiert – die Welt der kleinen, aber bedeutsamen, weder kino- noch fernsehreifen Begebenheiten, die die Vielseitigkeit unseres Lebens ausmachen. In der Kurzgeschichte steckt damit etwas zutiefst Demokratisches (wie es auch Bettina von Arnim, damals noch ungeheuerlich, für sich reklamierte); daß jeder Aspekt des Lebens mit gleichem Recht wie jeder andere zur Sprache gebracht werden kann. Dies auch als Ermutigung an alle, die glauben, die Geschichte, die sie gerne für den nächsten Wettbewerb schreiben würden, sei womöglich belanglos; es gibt keine belanglosen Kurzgeschichten, nur lieblos erzählte. Die Wichtigkeit bestimmt nicht das Thema, sondern die Sprache, – auch dieser Band kann das bestätigen.

## Bärbel Reetz

# Virginia oder die Gleichzeitigkeit

Das Haus kann besichtigt werden. Es gehört dem National Trust. Die alte Dame mit den weißen Löckchen verkaufte die Karten. Das Wohnzimmer, das Eßzimmer, ihr Schlafzimmer, der Garten. Vanessas Kreise und Striche auf Lampenschirm und Sesselbezug. Bloomsbury everywhere.

In ihrem Schlafzimmer sammeln sie die Übersetzungen im Regal, das Bett jung/fräulich weiß, und über dem Korbsessel liegt der leichte Schal, als wäre sie gerade erst gegangen. In Rittersporn und Rosen versinken die steinernen Büsten, im Gartenhaus trocknet die Tinte im Glas. Von den Schautafeln nehme ich ihr Bild, schwarzweiß, und stelle es vor mich hin:

Niemanden siehst du an, nicht mich, weder Vater noch Mutter, nicht die Brüder, Vanessa, die Freunde. Nur Leonards Hut verfolgst du mit deinen Wasserfrauenaugen, wie er hinter Busch und Baum auf- und abtaucht. Komm, wisch den Staub von der schwarzen Schrift! *You must buy some shaded inks – lavenders, pinks, violets – to shade your meaning.* Iß deinen Toast und den Steak-and-Kidney-Pie! Wenn du so dürr bleibst, wird die Vergangenheit dich unter die Ulmen werfen.

*Oh, dear*, wie liebe ich deine rot-orangenen Strümpfe an den Stelzenbeinen, mit denen du durch die Düsternis deiner Kindheit schlichst und steckenbliebst im Sande von St. Ives: *To the Lighthouse*. Besser wäre es, du wärest die Tochter des alten Leuchtturmwärters und der jungen Bauernmagd, hättest Sommersprossen und Haare wie ein Topfkratzer.

Wenn das Ungeheuer zurückkommt und sich von deinen häßlichen Strümpfen nicht schrecken läßt, stürze es aus dem Fenster, wirf die Schatten vom Normannenturm auf die wilden Narzissen! Du wirst dich trunken in die Worte der Apostel stürzen, wenn die Sonne hinter dem Bloomsbury Square versinkt, wirst Bleilettern setzen, drucken und *Mrs. Dalloway* auf ihrem Gang durch den Tag nicht aus den Augen lassen.

*Oh, dearest creature*, du sitzt am Tavistock Square und legst Brief auf Brief, nur dein Herz hast du in Vitas großen Schrankkoffer gepackt und schaukelst auf den Wellen des Roten Meeres, wischst dir in Delhi den Schweiß aus den Augen. Und dann ihr zwei auf dem Wüstenritt nach Teheran. Hör auf zu kichern! Es ist kein Witz, wenn sich ein Reitergeneral zum Vater einer Dynastie macht. Beim Krönungsdiner wird der Shah-in-Shah die amerikanischen Turnschuhe und Vita ihre Perlen tragen.

*I am reduced to a thing that wants Virginia*... Nie habe ich dem Geheimnis eines Ohres so angehangen wie auf deinem Bild. Möchte dein Haar aus dem Nacken erlösen, damit es über dieses halbe Ohr fällt, das angewachsene Ohrläppchen und die Worte nicht mehr an dich heranläßt.

Durch das Geäst der alten Kastanie tönt das helle Singen der Kinder von St. Peter's School, und vom Turm schlägt die Glocke die Zeit.

Sie schließen das Haus um fünf. Sorry, dear, sagt die Dame mit den Löckchen und verkaufte mir noch schnell drei Ansichtskarten. An den Steinmauern zur Straße klettern Rosen, und zwischen den grauen Quadern wehen gelbe Blüten, ruhen Mooskissen und Alyssum. Ein Erdweg führt in die Wiesen. Keine Felder. Und wo ist der Fluß?

Die Hügel der Downs im Rücken marschierte ich durch das flache Tal. Noch immer kein Fluß. Hier mußte es gewesen sein. Kein schöner Spaziergang in dieser grauen Weite. Im März ist das Tal nackt, keine hohen Halme, kein Mohn, dessen helles Rot unter dem Wind zittert wie kleine Blutflecken auf grünem Kleid.

Es war ein unblutiges Ende: Spazierstock ans Ufer gesteckt, genügend Steine in den Manteltaschen.

Ich ging schneller, zweifelte an der Wahrheit der Bücher, die sagen, daß sie nur wenige Minuten gegangen sei von ihrem Haus bis ins Wasser. Ich war wohl zehn Minuten unterwegs, Regen auf dem Gesicht, und noch immer kein Fluß. Bis ich plötzlich am Ufer stand! Die Ouse steht hoch in diesem Jahr. Keine Brücke, kein Steg. Jenseits, entfernt, ein Bahndamm. Ein kleiner schwarzer Zug, der lautlos darauf hingleitet. Die Häuser von Lewes wie Spielzeug gegeneinandergestellt und vom Normannenturm wehte die Fahne.

Sie sagte: *Ich werde mit fliegenden Fahnen untergehn...* Und ich wandte mich erschrocken um, denn ich hatte sie nicht kommen hören.

Sie stand neben mir in dem langen Mantel, den festen Schuhen, und die Manteltaschen waren ausgebeult. Sie sah anders aus als auf den Fotos, aber ich erkannte sie sofort. Ich glaube, an ihren Augen, den schweren Lidern, den feinen Falten. Ihre Wangen eingefallen, die Haut wie dünnes Papier, die Stirn gerunzelt, als sei sie erstaunt über die Spaziergängerin im Regen. Weite Pupillen. Vielleicht hatte Leonard ihr wieder Veronal gegeben, oder sie hatte es selbst geschluckt, nachdem sie das Staubtuch aus der Hand gelegt hatte. Groteske Idee, murmelte sie, Staubtücher wischen nichts weg. Sie strich eine Strähne ihres grauen Haares hinter die Ohren. Sie war so schmal, daß ich ihr am liebsten den Arm um die Schultern gelegt hätte. Aber ich stand steif, überrascht und stammelte, daß ich einen Artikel über sie schreiben müsse, über Bloomsbury, ihre Freunde, ihre Bücher. Sie schlug die langen Arme um den Brustkorb, wie um sich abzugrenzen. Es sind Spekulationen im Gange, sagte sie, und die hochgerutschten Mantelärmel entblößten die schmalen Handgelenke. Mit einem kräftigen Schlag müßte man sie von den langen Händen brechen können. Du siehst es richtig; jetzt, da ich nicht mehr schreiben kann, könnte man sie abbrechen wie einen trockenen Brotkanten. Man könnte sie wegwerfen... Sie ließ sich auf der flachen Böschung nieder. ...oder sie an die Schwäne verfüttern. Sie starrte auf die Tiere, die lautlos auf dem Wasser trieben. Zwei, drei, vier glitten dahin, den langen Hals gereckt. Ich setzte mich neben sie.

Ich wurde am 28. März 1941 geboren. Sie wandte erschrocken den Kopf: Deutsche? Nun hatte sie es doch an meiner Aussprache gehört. Ihre Augenlider flatterten. Ich nickte und versicherte hastig, daß jetzt alles anders sei: Der gemeinsame Markt, keine Feindseligkeiten, nur ein Geplänkel um das Nordseeöl und die Einfuhr von Fisch. Kleinigkeiten, sagte ich, die Regierungen haben das im Griff, die Chefs treffen sich hier und dort, essen, reden fröhlich-händeschüttelnd aneinander vorbei.

Über uns ein Sportflugzeug. Sie duckte sich und preßte die Hände gegen die Ohren. Sie sah ganz klein aus, war auf ihre Knie geklappt, flüsterte: *Eine Zeit der Ruhe ist das Hochziel, nach dem ich mich immer schiebe und dränge, wobei ich schwimme wie ein Igel, der sich mit den Krallen den Hals aufreißt...*

Du redest wie deine Tagebücher, sagte ich zornig und rüttelte das zusammengerollte Bündel neben mir, das kenne ich alles. Ich habe genug gelesen, um diesen Artikel zu schreiben. Nur noch eine Ortsbesichtigung, ein paar Fotos: Monks House, die Ouse, Charleston Farmhouse, Sissinghurst, Sevenoaks, Knole, Bloomsbury. Am besten alles gleichzeitig, damit ich die Zusammenschau der Ereignisse bekomme.

Alles gleichzeitig. Sie war erregt: Ein Flugzeug, eine Deutsche, Bloomsbury, Sevenoaks. Gleichzeitigkeit ist ein Problem. Nicht nacheinander schreiben, alles zugleich, die Personen und ihre Handlungen, die Leute drinnen und die draußen auf der Straße, das Geräusch des Regens und das Schilpen der Vögel, Big Ben, der die Stunden schlägt. Alles geschieht zugleich, wie die Gedanken, die ein anderes Spiel treiben als die Wörter, die gerade gesprochen werden. Und wenn die Seiten beschrieben waren, sagte Leonard: Das ist gut. Aber ich schrieb mich zurück ins Nacheinander, ließ Orlando androgyne Träume leben und my Vita erklärte mich zur begnadeten *Lady of Prose*. Wir schwiegen, und ihre Hände lagen reglos in ihrem Schoß, lang und weiß, so als habe sie El Greco von Toledo nach Rodmell gemalt. Nicht einmal jetzt, da ich aus der Zeit bin und du meine Zeit suchst, können wir es lösen. Du hast mich hierhergedacht und die alte Wunde wieder aufgerissen. Aber ich blute nicht! Triumphierendes Öffnen des Mantels über der mageren nackten Brust, dem knochigen Brustbein, den schlaffen Hautfalten ihrer Brüste. Ich wünschte, sie würde den Mantel wieder zusammennehmen und schämte mich, plötzlich an das wehrlose Kind in St. Ives zu denken, die schüchterne Vogelscheuche, die George Duckworth durch die feinen Salons von Mayfair und Kensington zerrte, bevor er sie auf ihr Bett warf.

So, so, zischte sie und ihre Augen glitzerten boshaft, du machst also mit bei den Spekulationen, ließ den Mantel von den Schultern gleiten, zog sie so hoch, daß ihr langer Hals dazwischen verschwand, ruckte den Kopf nach vorn, wie die Schwäne, wenn sie Futter auf der Oberfläche des Wassers vermuten.

Virginia, ich beugte mich zu ihr, faßte den Mantel, legte ihn vorsichtig über ihre Schultern. Sie fuhr ungelenk in die Ärmel: Erzähl, wer du bist! Das Gefühl für das Unerlaubte deines Eindringens ist dir hoffentlich geblieben oder haben die kleinen Nazis dir gesagt, daß du England mit deinen Zeitungsartikeln erschlagen sollst? Bei Kriegsende war ich vier. Sie starrte zum Himmel: *Air raids pretty constant*... röhrten über Monks House und irgendwann werden sie von Battle nach Norden stampfen. Einmarsch in London, feldgrau, Führers Traum. Trachtenkapellen, die ihr rumtärä gegen die Mauern von Whitehall blasen, und ein Jodeln und Schenkelklopfen wird sich im Echo der hohen Häuser vervielfachen und die Fenster am Mecklenburgh Square zersplittern. Und mittendrin der kleine Geiferer mit dem Bärtchen und dem pomadigen Scheitel, sein heiseres Gehetze, wenn sie den BBC in die roten Hakenkreuzfahnen einwickeln.

Sie schwieg mit geschlossenen Augen, und ich wagte nicht, sie zu erinnern, daß sie hatte wissen wollen, wer ich bin.

Wir hatten Benzin in der Garage gehortet. Besser mein kleiner Jude mit den zittrigen Händen vergaste sich mit mir, als daß sie ihn in ihren Gasofen steckten. Oder das Morphium von Adrian... Aber warum sollte Leonard sterben bevor sie kamen. Ich war es doch, die ihre Umrisse verlor. Einsam starrte ich in das Geäst der kahlen Ulmen. Dort das Grab für meine Asche. Manchmal noch Vita, my vita: *Virginia mine – this is to bring you my love*... Am 22. März schrieb ich ihr einen letzten Brief, darin ist, so glaube ich, von sterbenden Vögeln die Rede.

Virginia, sagte ich, ich muß für die Geschichte einen Weg finden, auf dem ich mit meinen Wörtern entlangschreiben kann. Ich brauche das Gerüst der Zeit: 3 p.m Ankunft in Rodmell. Ich habe meine Tasche ins Zimmer getragen und mit der Vermieterin geredet. Heute nacht werde ich in einem Himmelbett schlafen mit rosa-roten Röschen. Auf dem Weg nach Monks House habe ich einen Apfel gegessen. Um fünf sagte die Dame mit den Löckchen, daß ich gehen müsse, und die Glocke von St. Peter's schlug die Stunde. Ich wunderte mich, wie weit es noch ist vom Haus bis zum Fluß. Mit jeder gelesenen Biographie schien mir der Weg kürzer zu werden. Fast, so dachte ich, hättest du dich mit einem Kopfsprung aus deinem Garten in die Ouse stürzen können.

Beginnen wir mit dem 28. März, schlug sie vor, legte sich ins Gras zurück und knöpfte ihren Mantel sorgfältig zu. Es war ein Freitag, kalt und strahlend hell, so daß wir im Sonnenlicht den grauen Staub auf Tischen und Kommoden und in der Luft tanzen sehen konnten. Leonard sagte: Staub wischen, Böden säubern, schlafen, essen, viel Bewegung in frischer Luft. Ich legte das Staubtuch aus der Hand und die Nachricht auf den Tisch: *Liebster, ich spüre genau, daß ich wieder dabei bin, verrückt zu werden …*

Als du die eisigen Strudel um deine Beine fühltest und der große Stein dich herunterzog, quälte ich mich ans Licht der Welt. Für Augenblicke, gegen eins, müssen wir uns nahe gewesen sein: Du noch nicht tot und ich noch nicht im Leben. Gleichzeitig in diesem Zwischenreich, in dem die Luft so knapp ist, gurgelnd aufsteigt aus deinem Mund und runde Kreise macht an der Oberfläche, wie ein Kiesel, der ins Wasser geworfen noch zwei, dreimal aufspringt. Und ich mit diesem weichen Rohr, das mich nährte und mir jetzt den Hals abschnürt.

Ich weinte. Leg dich hin, sagte sie und berührte meinen Arm, schau in den Makrelenhimmel, auf die Fischschuppenwolken. Immer Wasser, das aufsteigt, um wieder herunterzuregnen.

Über uns dröhnte ein Flugzeug von Gatwick kommend zum Kontinent. Ihre Zähne schlugen aufeinander. Ruhig, das sind Passagiere, Leute, die nach Paris fliegen oder nach Mallorca, an die Costa del Sol, die diesen Nieselregen loswerden wollen und die nassen Wiesen. Mein Vater flog von Ost nach West, von Süd nach Nord. Mein Vater war ein Flieger in einer schneidigen Uniform. Er flog gen Engelland und klinkte die Bomben aus über Bloomsbury und Coventry und flog zurück, um sich ein Ritterkreuz an die Brust heften zu lassen. Er flog über Rodmell, scharf seine Instrumente im Auge und den feindlichen Himmel. Unten warfen sich Leonard und Virginia zu Boden, lagen flach auf ihren Gesichtern, rochen die feuchte Erde und den scharfen Duft des Giersch, den Leonard gerade hatte herausreißen wollen. Preß die Zähne nicht zusammen, warnte Leonard, und oben preßte der Pilot Ober- und Unterkiefer aufeinander und flog und fieberte dem Augenblick der Entladung entgegen.

Gleichzeitig die Angst, flüsterte sie, des Feindes vor dem

Feind. Ich sagte: Er wurde im April 1944 abgeschossen. *Bombs fell near me*... und der Fluß trat über die Ufer und bildete auf den Wiesen einen riesigen See. Ich wandte den Kopf, aber sie war verschwunden. Nicht einmal das Gras war heruntergedrückt. *What does it mean? What does it all mean? ...now I was awake, but alone*... Mühsam richtete ich mich auf. Ich fror, schaute mich um. Virginia? Die Ouse strömte still, in Ufernähe glitten die Schwäne dahin, und der Regen lag über dem Land wie die grauen Schleier über ihren Augen.

## Klaus Modick

# Ein Mandala

*Mandalas sind traditionell festgelegte Gebilde, die nicht nur gezeichnet oder gemalt, sondern auch körperhaft geformt werden ... Das wahre Mandala sei immer ein inneres Bild, welches durch aktive Imagination allmählich konstruiert wird.*
C. G. Jung

Der Tokio-Tower ist eine ziemlich schamlose Replik des Eifelturms, nur ein paar Meter höher, die hypermodernen Wolkenkratzer von Shinjuku zitieren die Skyline von Manhattan, nur etwas eleganter, das NEC-Building sieht wie ein zum Start hochgestelltes Space-Shuttle aus, nur viel gewaltiger, und Tokios Disneyland ist die definitive Imitation westlicher Popkultur, nur ein bißchen perfekter. Diese Stadt ist ein gigantisches Konglomerat aller möglichen und unmöglichen Stile, Techniken, Architekturen, die das 20. Jahrhundert hervorgebracht hat – die Hauptstadt der Postmoderne. Die Faszination der Japaner am jeweils Allerneusten, ihre Unsentimentalität gegenüber der Vergangenheit, hat Tokio trotz aller Superlative etwas merkwürdig Gesichtsloses und Provisorisches gegeben.

Man darf aber die unsentimentale Sachlichkeit im Umgang mit architektonischen Zeugen der eigenen Geschichte nicht als mangelndes Traditionsbewußtsein mißverstehen (und man darf nicht vergessen, daß Tokio, wie fast alle japanischen Großstädte, nach dem Zweiten Weltkrieg eine Trümmerwüste war). Im Gegenteil scheint durch die wenigen, im traditionellen Stil errichteten Gebäude, die erhalten blieben oder originalgetreu rekonstruiert wurden, eine Hintergrundstrahlung aus historischem Selbstbewußtsein und Spiritualität in die Gegenwart zu dringen – eine Strahlung, die umso intensiver wirkt, je einsamer diese Gebäude zwischen Glas, Beton und Chrom ihren vielleicht gar nicht so verlorenen Posten halten. Diese Reste eines Japan, das es als Ganzes längst nicht mehr gibt, sind wie vergilbende, patinierte Miniaturen, in denen sich Traditionen einer versunkenen Zeit bündeln.

Das gilt für die ornamentalen Verspieltheiten des Kabuki-Theaters inmitten der rationalen Glätte der Ginza, dem teuren Einkaufsviertel am Hauptbahnhof. Es gilt auch für die wenigen Wohnquartiere, die abseits liegen und sich deshalb eine gewisse Geschlossenheit erhalten konnten, etwa der Bezirk Tsukishima auf der dem Hafen vorgelagerten Insel, wo noch ganze Straßenzüge in der traditionellen, zweigeschossigen Holzbauweise stehen; üppig begrünte Dachgärten und Terrassen, auf denen Kinder spielen, alte Leute ihr Schwätzchen halten und Katzen in der Sonne dösen, dazwischen ein paar kleine Läden oder eine Garküche, deren Düfte zur Mittagszeit noch einmal sehr alte Bilder von einem ganz anderen Japan aufsteigen lassen.

Und es gilt sogar für eine der berühmtesten Attraktionen Tokios, Meiji-jingu, den Schrein, der 1920 zu Ehren des Kaisers Mutsohito, der Japans Öffnung nach Westen ermöglichte, eingeweiht wurde. An Neujahrstagen herrscht hier angeblich Gedränge wie auf den Bahnhöfen zur Stoßzeit, aber als ich an einem regnerischen und schwülen Tag im Mai zum Schrein kam, hielt sich nur eine Handvoll Touristen in dem weitläufigen Gelände auf. Ich schlenderte unter den riesigen Shinto-Bögen hindurch über die breiten Kieswege in den Park hinein, und trotz der nahgelegenen S-Bahn-Station Harajuku herrschte sogleich eine merkwürdig verschattete Stille. Im satten Grün der Bäume, vom Nieselregen dunkelglänzend wie Lack poliert, hing heiseres Rabenkrächzen. Die drückende Feuchtigkeit schien alles Sichtbare zu durchdringen, einzusickern wie in Löschpapier. Ein Gefühl großer Durchlässigkeit oder weicher Porösität stellte sich ein, eine gewisse Widerstandslosigkeit gegen Eindrücke, eine ungerichtete Aufnahmefähigkeit, eine Gleichgültigkeit. An einem Stand kaufte ich ein Votiv-Täfelchen, auf dem man seine Wünsche schriftlich niederlegen kann. Als ich es beschreiben wollte, fiel mir aber kein Wunsch ein; ich hängte es leer an das Holzgerüst zu den anderen Täfelchen.

Der Schrein selbst ist groß, fast ein Palast, aber nicht protzig.

In seinen klaren, geometrischen Linien schwingt Bescheidenheit mit, etwas Bedeutendes in schlichter Geste. Aber welche Bedeutung? Gewiß keine, die benennbar wäre mit rationaler Begrifflichkeit. Vielleicht nur diese große Gleich-Gültigkeit, diese merkwürdige, nicht abrufbare Durch-Lässigkeit. Kein Zeichen, kein Hinweis. Der Schrein ist einfach da.

Ich wußte auch, daß mich diese vage Wahrnehmung an etwas anderes erinnerte, aber mir fiel es erst ein, als ich den Schrein wieder verlassen hatte und in einem Café am Omotesando-Boulevard eingekehrt war, Kaffee trank, mir eine Zigarette anzündete, denn auf dem Schrein-Gelände herrscht striktes Rauchverbot, mein Notizbuch öffnete, um Eindrücke festzuhalten und beim Blättern in der schwarzen Kladde die letzten Einträge überflog.

Vor einigen Tagen hatte ich das Nationalmuseum am Ueno-Park besucht, wo mehrere große Räume den Mandalas vorbehalten sind, jenen auf den ersten Blick verwirrenden Meditationsbildern, deren einzelne Darstellungen sich immer um ein leeres Zentrum gruppieren und die Aufmerksamkeit auf dies Nichts lenken. Eins der Mandalas war mir besonders aufgefallen, weil es keine Bilder zeigte, sondern lediglich Schriftzeichen, und in seinem Zentrum befand sich wiederum ein Zeichen, das ich natürlich nicht lesen konnte. Dies Zeichen, dachte ich jetzt, müßte das Gefühl umschreiben, das mich vorhin im Meiji-Schrein berührt hatte – Gleichgültigkeit, Durchlässigkeit, und noch etwas Anderes, Fremderes oder vielleicht doch schon fast Vertrautes.

Jedenfalls bestand das Wesen dieser Wahrnehmung darin, daß sie sich nicht definieren ließ, keiner Formel gehorchte und nicht abstrakt war, sondern in solchen Situationen auftauchte, in denen Beziehungen und Verbindungen entstanden, in denen eins ins andere überging, unerwartet oft, anstrengungslos, gleichgültig eben und durchlässig – so wie am vergangenen Wochenende, als R. S. mit mir eine Tour durch die Berge ein paar Stunden nördlich Tokios gemacht hatte. In die zerklüfteten, kaum zugänglichen Felslandschaften war längst überall in Form von Werbeplakaten westlich orientierte Zivilisation eingedrungen, in Form von Müllhalden, Kraftwerken und Fabriken die industrielle Zerstörung, und dennoch gab es manchmal Anblicke, die den Holzschnitten Hokusais glichen, verschwindend kurz nur, aber die dramatisch scharfgeschnittenen Grate und Kuppen waren doch da, die Krüppelkiefern standen noch als Schattenrisse schroff gegen den Himmel, ihr Geäst, ständig vom Bergwind durchfegt, verkrümmt; aber das Knorrige und Gewundene sah aus, als wäre es noch zusätzlich von Menschenhand geformt worden, zu einer inneren Anmut, die gesehen werden will. Und einmal sah ich einen schmalen Pfad, der in die Höhe führte, weiter nach Norden, wie aus der Zeit heraus.

Wir übernachteten in einem Ryokan, einer im traditionellen Stil geführten Herberge, wo sich die Japaner gern zum Wochenende einfinden, um sich zu versichern, daß sie eine Vergangenheit haben, die anders ist als das Leben, das sie heute führen. Die besondere Attraktivität dieses Hauses besteht darin, daß es über einen Onsen verfügt, eine jener heißen, vulkanischen Quellen, die als Bäder genutzt werden. Nachdem uns auf den niedrigen Tischchen das Abendessen serviert worden war, gingen wir durch die sehr kühle Frühlingsnacht zum Bad, das wenige Schritte von den Gebäuden entfernt liegt.

In den von der Wasseroberfläche aufsteigenden Dampfschwaden, die sich im Licht einer Ampel weiß und träge drehten und sich in der Nacht auflösten, konnte ich zuerst kaum etwas erkennen. Als wir dann aber unsere Kleidung abgelegt hatten und ins Wasser glitten, dessen Hitze mir den Atem nahm, schälte sich aus Dunst und Dunkelheit eine seltsame Szenerie. Direkt über der leise sprudelnden Quelle spannte sich ein tempelartiger Holzbau mit einem Shinto-Bogen, kleiner, aber genau so proportioniert wie die gewaltigen Bögen am Meiji-Schrein, und davor war ein Bassin aus Natursteinen ausgemauert; Licht brach in Streifen durch die Öffnungen eines Schirms, die die Form von Schriftzeichen hatten, und fiel, vom trägen Tanz des Dampfes gebrochen und bewegt, über den schwarzen Wasserspiegel. Ich konnte jetzt erkennen, daß außer uns noch fünf oder sechs Japaner im Bad waren. Zwei jüngere Männer saßen am Rand des Bassins auf Steinen, ließen die Füße ins Wasser baumeln und unterhielten sich halblaut; zwei Alte hockten schweigend dicht am Austritt der Quelle, bis zum Hals im Wasser; vor ihnen schwamm eine Art Brett oder Tablett im Wasser, auf dem ein Fläschchen Sake mit zwei Trinkschalen stand; manchmal goß einer der beiden ein, und dann tranken sie mit geschlossenen Augen. Dicht an der Ampel hockte noch jemand bewegungslos im Wasser und drehte uns den Rücken zu.

Nach einigen Minuten kam mir die Hitze völlig natürlich vor, und das Bedürfnis, schnell wieder an der Luft abzukühlen, versickerte. Das Wasser war ganz weich, roch milde nach Schwefel und strich in seinen sanften, von der Quelle ausgehenden Schüben um meinen Körper. Der Dampf bildete bizarre Konstellationen und Figuren, aber sie langweilten mich schnell, und erst als der Dampf nur noch Dampf war, das Licht nur noch Licht, das Wasser Wasser und die Nacht Nacht, war ich in etwas angekommen, das ich nicht gesucht hatte, das mir aber mehr entsprach als alles, was ich je hätte suchen können. Meine Wahrnehmungen und Gedanken bekamen etwas Gleichmäßiges, dem Wasser Verwandtes, als ob ich, träger und träger werdend, in Schlaf fiel. Aber es war kein Schlaf, sondern ein Blicken, aber ein Blicken auf nichts Bestimmtes, ein Sitzen im Wasser, aber ich spürte weder das Wasser noch meinen Körper, ein Denken, aber ein Denken an nichts. Und wenn doch konkretere Gedanken kamen, zogen sie wie der Dampf um das Licht in die Nacht, vergingen dort, und keiner folgte dem anderen, weil alle bereits dort waren und zugleich hier blieben. Und manchmal tropfte das Licht des Mondes feucht durch die Nadeln der Kiefern auf die Wasseroberfläche. Ich hatte immer schon auf diesem Basaltstein in diesem Bassin gesessen, so und nicht anders, und ich würde hier immer so sitzen bleiben, von Zeit zu Zeit. Ich war gleichgültig und durchlässig, alles war gleich gültig durch Lässigkeit, durch einfaches Seinlassen. Gewiß, ich wußte, wo ich war – es war ein konkreter Ort in einer genauen Zeit und doch schien mir, als sei diese endlos monologisierende Quelle eine Nabelschnur, die mich und alle in ihr zurückband an einen Zustand jenseits aller Zeit und aller Geographie.

Irgendwann hörte ich R. S. sagen, es sei an der Zeit, auszusteigen, um keinen Kreislaufkollaps zu riskieren. Wir gingen zu der Holzplattform zurück und zogen uns an. Von hier aus konnte ich jetzt auch den immer noch bewegungslosen Mann von vorn sehen, der mir vorhin den Rücken zugekehrt hatte. Er hielt ebenfalls eins dieser schwimmenden Tabletts vor sich; auf dem Tablett lag ein aufgeschlagenes Buch, das der Mann las oder betrachtete.

Sieh mal, flüsterte ich R. S. zu, der liest.

R. S., der sehr kurzsichtig ist, setzte seine Brille auf und beugte sich über die Plattform hinaus, um besser sehen zu können.

Nein, sagte er dann, der liest nicht. Oder jedenfalls nicht so, wie du und ich lesen. Er betrachtet ein Mandala.

Wenn ich heute an den Aufenthalt im Onsen zurückdenke, fällt mir Bashos Haiku über den Onsen von Yamanaka ein:

*In Yamanaka bricht man*
*keine Chrysanthemen – hier duftet*
*nichts als heißes Wasser!*

## Marcus Jensen
# Liebesdienste

Hinter ihm warf die dicke Witwe die Wohnungstür ins Schloß und stellte sich davor. Willkommen, und das meine ich auch so, sagte sie mit spitzen, hellrosa geschminkten Lippen und besah sich ihren jungen Mann von oben bis unten, so, wie er es nie bei einem Mädchen erlebt hatte. Ihre Lippen schienen noch etwas mehr sagen zu wollen, sie schoben sich vor und zurück, als gäbe es ein Wort, das der Situation angemessen war, und tatsächlich sagte die Witwe dann: Ich bin Witwe.

Zugleich ließ sie die Hand, an der die Handtasche baumelte, ums Gelenk herum einen kleinen Kreis durch den Flur beschreiben, als wollte sie in Wirklichkeit sagen: Ich bin hier die Königin. Der junge Mann machte leise Oh, vergrub die Hände in seiner Jeans und tat, als würde ihn auf einmal ihre Wohnung interessieren, er drehte sich herum, ohne zu ahnen, daß sie genau das wollte.

Er war größer als der Spiegel. Prächtig gerade hielt er sich, als er nach dem Lichtschalter im dämmerigen Flur suchte, seine langen Haare wirbelten um die Schultern wie in einem Shampoo-Spot, sein Pullover lag straff am Gürtel an, und seine Turnschuhe federten über den Parkettboden, so leicht, als wüßte er genau, wo die knarrenden Stellen lagen. Er war schlank, ohne zu wissen, was Schlanksein heißen kann. Endlich fand er den Schalter. Sein braunes Haar strahlte viel zu blond auf, aber seine Augen lagen jetzt in tiefen Schatten. Die Witwe drehte ihren rundlichen Kopf zur Seite und lächelte ihn an. Sie deutete auf das WC: Möchtest Du Dich frischmachen?

Da schluckte er. Er trat hinter das Licht zurück und schaute sie an, wie sie ihn anschaute. Sie standen voreinander, sie einen Kopf kleiner als er, noch etwas außer Atem vom Treppensteigen, und legte ihre Handtasche auf einer alten Kommode ab. Der Mantel war ihr mindestens eine Nummer zu klein. Der Stoff zwängte sich um die Rundungen, es knarrte, wenn sie den Arm beugte, und ganz vorne vor den Brüsten hatte sie den Knopf mehrfach wieder angenäht, das Garn paßte nicht. Der junge Mann starrte auf ihre Haut. An den Wagen war sie rosig, spannte sich über ihrem Lächeln, die rundgewölbte Stirn zeigte keine Falten, nur unter den Augen lagen Tränensäcke, aber so fein übergeschminkt, als seien sie immer schon geplant gewesen und bräuchten sich gar nicht zu verstecken. Sie war Witwe. Es irritierte ihn, daß er ihr Alter nicht schätzen konnte. Ihr dunkles Haar lag dicht um den Kopf im Pagenschnitt, glänzte viel zu stark, um echt zu sein, aber verjüngte ihr Gesicht um genau die Jahre, die ihn so zweifeln ließen. Sie genoß es, daß sein Blick immer suchender wurde. Amüsiert schloß sie ihre Augen, nahm den Zeigefinger und ließ ihn wie ein Metronom vor ihren Lippen pendeln: Frag nicht.

Kurzentschlossen trat sich der junge Mann die Turnschuhe von den Füßen und kickte sie zur Seite. Tja, dehnte er und wartete.

Sie öffnete ihre Augen, hatte den Blick gewechselt, funkelte ihn an und lachte kurz durch die Nase: Hnn! Schnell schaute er weg. Mit der rechten Hand lehnte sie sich an die Wohnungstür und streifte mit der linken ihre Stöckelschuhe ab. Ein leichter Ledergeruch zog durch den Flur. Dann bückte sie sich. Der junge Mann trat unwillkürlich einen Schritt zurück. Sie aber sammelte nur die beiden Schuhpaare auf und öffnete blitzschnell die unterste Klappe der Kommode.

Schau Dich ruhig um, sagte sie und stopfte die Schuhe zwischen die unzähligen anderen Paare, die sich im engen Fach drängelten. Laut seufzend nahm sie verschiedene schwarze Wanderstiefel heraus und packte sie um, damit die Turnschuhe Platz fanden, aber die Klappe wollte sich nicht schließen. Die dicke Witwe schimpfte leise mit den Schuhen.

Der junge Mann ließ sie kaum aus den Augen, spähte nur kurz in die Zimmer hinein und drehte sich immer wieder zu ihr um, als verglich er sie mit ihrer Wohnung.

Cremefarben wie ihr Mantel waren die Teppiche und Tapeten, der Stuck an den hohen Decken, und alles schien außerordentlich aufgeräumt und strahlte vor Sauberkeit. Die spärliche Einrichtung bestand aus vielen, gleichartigen Schränkchen, die in jeder Ecke zu finden waren: bauchige Rokokomöbel, wie lakkiert glänzend vom jahrelangen Polieren, mal als Kommoden und Vitrinen, in verschnörkelten Beinen auslaufend, dann als großer Sekretär, oder in kleineren Ausgaben, niedrig wie Schmuckschatullen, in denen der junge Mann die vielen Kleinigkeiten vermutete, die in der Wohnung fehlten.

Es war warm. Er zog seinen Pullover aus, fühlte sich gleich wohler und ging so in den Flur zurück. Die Witwe schloß mit einem erleichterten Ausatmen die Klappe und stand auf. Er streckte seine kaum behaarte Brust vor und lächelte nur einmal mild, um nicht sagen zu müssen: Schön haben Sie es hier. Die Witwe warf anerkennend den Kopf zurück. Sie knöpfte langsam ihren Mantel auf. Der junge Mann griff an den Stoff, wollte sie umfassen und öffnete seine Lippen so weit, wie er dachte, daß sie auf ihre paßten. Sie legte ihm eine Hand auf den Bauch, schob ihn sanft zurück wie ein gleichgepoltes Magnetfeld und zeigte auf ein kleines schwarzgerahmtes Porträt neben dem Flurspiegel, das einzige Bild in der Wohnung.

Mein Mann, flüsterte sie, mein Gatte. Weißt Du überhaupt, was das ist, ein Gemahl?

Er nickte langsam, mehr um ihr einen Gefallen zu tun. Sie strich ihm mit dem Zeigefinger um den Nabel, in kitzelnden Kreisen, und zwinkerte dabei. Dann verstand er. Er nahm das Porträt und drehte es mit dem Gesicht zur Wand. Die Witwe zog aus ihrem Ausschnitt ein Kettchen, an dem ein kleiner goldener Bartschlüssel hing.

Entschuldige bitte, sagte sie leise, es dauert nur ein bißchen.

Sie begann, ihre sämtlichen Möbel abzuschließen, sie prüfte jede Tür und jede Klappe der großen Schränke einzeln, mit einer Emsigkeit, daß dem jungen Mann sofort klar wurde, daß sie das jeden Tag tat. Ihre kleineren Kommoden und die Beistelltische streichelte sie zuerst, zog dann ein paar Schubladen auf und nahm aus ihnen Fingerringe, Ketten, Bänder und Broschen, bevor sie sie sorgsam zuschob und verschloß. Sie führte ihren Schlüssel ganz gerade ein, drehte ihn vorsichtig um und hörte gespannt auf das Knacken. Wenn sie von einem Zimmer ins nächste wechselte, summte sie dabei eine träge Melodie, fast ein Schlaflied, und hielt den kleinen Schlüssel in der Faust an ihre

Wange gepreßt. Der junge Mann wurde ungeduldig und rieb sich die Arme. Die Witwe beeilte sich, hastete mit gläsernen Augen von einem Möbelstück zum anderen. Es gab Dutzende davon, alle von derselben Art. Sie hatten noch Zusatzschlösser an ungewöhnlichen Stellen, oben auf den polierten Flächen oder an den Seiten, als gäbe es dort Geheimfächer. In die verzierten Löcher hinein summte die Witwe zärtlich ihre Melodie und schien auf eine Antwort zu horchen. Dabei legte sie ihren Schmuck an, für jedes Schloß ein Stück.

Der junge Mann ging ins Schlafzimmer. Hier gab es weder Schränke noch Nachttische. Nur in einer Ecke stand ein großes, niedriges Bett, kaum eine Handbreit über dem Boden, das so zerbrechlich aussah, als könnte es nicht einmal die aufgeplusterten Decken tragen. Er zog seine Strümpfe aus und zögerte einen Moment, bevor er sie auf dem Teppich liegen ließ.

Endlich hatte die Witwe alles verschlossen. Sie kam ins Schlafzimmer, strahlte vor getaner Arbeit und zeigte ihm den kleinen Schlüssel am Kettchen.

Fertig, sagte sie. Dann streifte sie ihren Mantel ab und ließ ihn einfach dort fallen, wo sie stand. Darunter trug sie eine knielange schwarze Robe, verziert mit Broschen und aufgenähten silbernen Sternen, die knisterten, als sie seine Hände nahm und sie auf ihre Hüften preßte. Sie hatte überall ihren Schmuck angelegt. Schwere Perlenketten, edelsteinbesetzte Bänder und glitzernde Amulette hingen um ihren Hals, die Hände waren dicht mit Ringen bedeckt und unter dem schwarzen Stoff zeichneten sich Armreifen ab. Die Witwe drückte sich an den jungen Mann heran, sie pustete ihm ins Gesicht, nahm dann seine rechte Hand, küßte sie und betrachtete kurz die Handfläche, als wolle sie genau sehen, wer sie gleich anfassen sollte.

Jetzt den Reißverschluß, sagte sie, zieh ihn runter. Der junge Mann bückte sich unter ihrer Achsel hindurch, die Ausbeulung an seiner Jeans verbergend, und zerrte mit zitternden Händen an dem langen Verschluß auf dem Rücken ihrer Robe. Er hakte. Die Witwe bog sich seinen Anstrengungen entgegen und kicherte: Ungeschickt, ungeschickt, wiederholte sie immer wieder, hach, so ungeschickt. Ihr gefiel das Wort. Sie legte ihre Lippen dicht an sein Ohr und zischelte: Zieh's mir aus, ungeschickt.

Die ganze Robe löste sich, heruntergezogen vom Gewicht der Broschen, und der junge Mann hielt den Stoff ratlos in seinen Händen. Er sah nur ihren Rücken.

Sie schritt schnell, ohne sich umzudrehen, erstaunlich gewandt ans breite Bett, schlüpfte unter die Decke, rollte sich ein und zog sie bis ans Kinn. Ihre Füße rieben gegeneinander. Der junge Mann legte die Robe sorgsam gefaltet auf dem Teppich ab, was sie mit einem kurzen Kopfnicken begrüßte. Dann stellte er sich vor dem Bett auf und streifte seine Jeans zusammen mit dem Slip herunter. Die Gürtelschnalle klirrte, beide lächelten sich an. Mit den Händen bildete er ein Körbchen über seinem Geschlecht, so gut es ging. Er versuchte, das Kinn etwas anzuheben und spannte seinen Rücken, um ein Zittern zu verbergen. Hhmmmm, seufzte die Witwe und schüttelte sich einmal, als hätte sie an einem Festmahl gerochen.

Meine Füße sind so kalt, klagte sie.

Dann summte sie weiter, setzte ihre Melodie da fort, wo sie bei den Schlössern aufgehört hatte.

Er ging in die Knie und krabbelte langsam ans Bett, hob die Decke ein wenig an. Ihre Füße waren rosig, fein gepflegt mit blauem Nagellack und einer glatten Haut, die ihn verblüffte. Er streichelte sie und begann, den Spann zu küssen, fuhr mit der Zunge zwischen die Zehen. Die Witwe kam aus dem Takt ihrer Melodie, vergaß sie ganz und summte nur noch in Schüben. An seine Wangen preßte er ihre Fußsohlen, die warm wurden und nach feinem Schuhleder dufteten. Als seine Nase an ihren Waden entlangfuhr, zog die Witwe mit einem kleinen Schrei die Decke straff über ihre Knie, so daß er nicht weiterkonnte.

Der junge Mann sah sie verständnislos an.

Sie nahm die rechte Hand und schlug damit auf die weiße Decke neben ihr, auf die freie Seite des Bettes, die im Dunkeln lag.

Mein Mann, flüsterte sie.

Sie drückte ein paar Falten glatt und forderte ihn mit Blicken auf, dasselbe zu tun.

Er fragte: Dein Mann, besucht er dich manchmal?

Beide strichen über die Decke.

Ja, raunte die Witwe, ab und zu ist er da und liegt neben mir.

Hier, der Gute. Ich habe die Wohnung nur ihm zuliebe im alten Zustand gelassen. Wenn er da ist, freut er sich.

Der junge Mann strich mechanisch weiter über die Decke. Sie überließ ihm die Arbeit und sah zu, wie er die Luft so weit aus der Füllung drückte, bis die Decke flach auf der Matratze lag.

Komm', Deine Hand, begann sie wieder ihre Melodie, wiegte ihren Kopf dazu. Der junge Mann wälzte sich neben sie auf den freien Platz, etwas unsicher, als läge er auf schwankendem Boden. Die Witwe führte seine Hand auf ihre Haut, ließ sie über die Perlen gleiten, an den Ketten entlang, tiefer hinunter. Sie schlug ihre Decke zurück. Ihre Haut wirkte so fein gespannt, daß der junge Mann den Atem anhielt. Die schweren Brüste waren mit Vogelmotiven tätowiert und hoben sich, als er sie mit den Fingerspitzen berührte. Er tastete vorsichtig um sie herum, als wollte er die Vögel nicht aufschrecken. Die Witwe führte seine Hand auf ihren Bauch und die Oberschenkel. Er stöhnte auf und drückte sich eng an sie, fuhr ihre Tätowierungen mit der Zunge nach. Sie nahm seinen Kopf in die Hände, küßte ihn auf die Stirn und strich ihm sein langes Haar hinter die Ohren.

Jetzt nimm' mir alles ab, seufzte sie, schloß die Augen und lehnte sich zurück. Sie fand wieder zu ihrer Melodie und begann zu singen, zuerst mit dünner Stimme, dann aber immer lauter und fester, als er begann, sie überall zu küssen und zu lecken, mit den Lippen Stück für Stück ihres Schmucks dabei löste, ihr die Ketten über den Kopf zog und zwischen ihre Beine gleiten ließ. Sie genoß es schnaufend und singend, ihr schwerer Körper zitterte und wurde warm. Einen Ring nach dem anderen streifte er ihr ab, ließ sie klingend nacheinander auf den Teppich fallen und küßte die freiwerdende Haut. Die Witwe rollte von einer Seite auf die andere, sie wiederholte die Strophen, ihr Gesang wurde wilder und zerbrach schließlich in vorgestoßene Melodiefetzen. Er löste ihr das letzte Edelsteinband vom Hals und legte sich ganz auf sie. Da schrie sie nur noch ein Wort, einen Namen, immer wieder, den er nicht verstand. Dann versickerte ihre Stimme, sie verstummte, drückte ihn mit aller Kraft an sich und wälzte sich mit ihm auf die andere Seite des Bettes. Sie zerrte die naßgeschwitzte Decke über beide und lag schwer atmend da.

Er schmiegte sich an ihren Bauch und wollte ihre Schenkel

auseinanderdrücken. Sie schmunzelte nur: Das geht nicht, flüsterte sie, immer zu eng, schon immer.

Sie gab ihm einen langen Kuß, und mit erschöpften und zugleich klaren Augen sah sie ihn lange an. Er öffnete verwirrt den Mund, aber sie schüttelte nur einmal den Kopf und nahm ihren letzten Armring ab, einen alten goldenen, mit einer Gravur auf der Außenseite. Den streifte sie ihm über die Hand.

Versetz ihn, sagte sie.

## Monika Helfer

# stric

Bett heißt: Krevet. Auf dem Bett in der Küche liegt ein Mann. Er hat Haare wie eine Kappe. Hinter einem Vorhang befindet sich das Provisorium, ein Doppelbett für die Mutter, ein Kinderbett für die dreizehnjährige Vinka. Der Platz neben der Mutter gehört dem Vater, von dem man lange nichts gehört hat. Der Mann, der in der Küche schläft, ist der Bruder von Vinkas Mutter. Onkel heißt: stric. Vinkas Mutter arbeitet tagsüber in der Besteckfabrik, der Onkel arbeitet nachts in der Besteckfabrik. Die beiden sehen sich selten, kommt der eine, geht der andere, schläft der eine, wacht der andere.

Das kann Vinka keiner Menschenseele anvertrauen, mit dem ist sie ganz allein: Daß der Onkel seit einem Jahr, seit sie zum erstenmal die Periode bekommen hat, alle fünf Tage hintereinander Vinka auf sein Bett zwingt, auf dem ein Wachstuch ausgebreitet ist. Das muß Vinka tun. Vinka steht wie ein Stück Baum und läßt sich von ihrem Onkel bis aufs Fleisch ausziehen. Der Onkel legt Vinka auf das Wachstuch, knöpft seine Hose auf, entkleidet sich unten. Er trägt sein Unterleibchen. Der Onkel stinkt nach Achselschweiß und Magen. Er wirft sich auf Vinka drauf und zwingt seinen Schwanz in Vinkas Blutloch. Vinka hat die Augen zu, und der Kopf liegt auf der Seite. So weint sie. Die ersten paarmal hat Vinka dem Onkel ihre Zähne in sein Fleisch gehackt, ihn gekratzt mit den Fingernägeln. Vinkas Fingernägel eignen sich schlecht. Vinka ist nämlich eine Nägelbeißerin. Sie hat versucht, den Onkel an den Haaren zu ziehen, leider sind seine Haare kurz wie eine enge Kappe, und es gibt kaum etwas zu greifen. Einmal hat sich Vinka getraut, ihren Onkel mit aller Kraft in seinen Schwanz und in die Eier zu krallen. Er schrie und schlug ihr ins Gesicht und hat sich rasch selbst befriedigt, weil er so knapp vor dem Ende gewesen war, und hat sich vor das Kind hingekniet und hat geweint und gejammert. Verzeih mir, Vinka, bitte, bitte, verzeih mir!

Seit zehn Monaten lag Vinka fünfmal pro Monat unter ihrem Onkel, das ergibt fünfzigmal. Fünfzigmal auf dem Wachstuch operiert worden und um Verzeihung gebeten worden. Wenn es blutet, ist die beste Zeit, sagt der Onkel, der riskiert nichts. Fünfzigmal ging Vinka zum Spülbecken, ließ Wasser auf einen saugkräftigen Lumpen laufen, schmierte Seife darüber, drückte den Lumpen aus, ging zum Bett des Onkels und säuberte das Wachstuch, holte ein frisches Handtuch und trocknete das Wachstuch, bis es glänzte. Der Onkel schrie, sie soll sich gefälligst anziehen. Sie faltete das Wachstuch in der Mitte, dann faltete sie die Hälfte, und von der Hälfte noch einmal die Hälfte, bis das Wachstuch genug schmal war und in Onkels Kasten paßte. Sie räumte Onkels Socken aus und legte das Wachstuch auf den Kastenboden, dann schichtete sie wieder die Socken und die Hemden darüber und schloß den Kasten.

So war es immer und einmal war es anders.

Ich blute nicht, sagte Vinka, laß mich. Ich blute erst wieder in zwei Wochen.

Der Onkel legte sie mit dem Bauch nach unten auf das Leintuch. Kein Wachstuch heute. Das Leintuch stank. Der Onkel holte die Faltencreme von Vinkas Mutter aus dem Toilettenschrank. Eine andere fand er nicht. Der Onkel schmierte die Creme auf seine Finger und bohrte den Finger in das Kinderarschloch. Erst einen Finger, dann zwei Finger. Vinka schrie. Aufhören! Und der Onkel versuchte, seinen Schwanz in das Kinderarschloch zu zwingen. Es funktionierte nicht. Vinka zappelte und konnte ihr Wasser nicht mehr halten. Der Onkel warf sie vom Bett. Vinka kauerte am Boden auf dem nassen Leintuch. Der Onkel kniete vor ihr und bat sie um Verzeihung. Nickte mit dem Kopf und zitterte mit der Unterlippe, und die Kopfhaut bewegte sich. Ich sage nie etwas, sonst bin ich tot. Das sagte Vinka.

Vinka kann sich alles wünschen, sie bekommt alles vom Onkel. Und alles, was er ihr schenkt, spült sie ins Klo hinunter, wenn es ins Klo hinunter paßt. Einmal fragte der Onkel, wo die goldene Kette mit der Madonna ist. Vinka sagte: Habe ich ins Klo gespült. Und der Onkel schlägt sich mit der Faust auf die Brust und sagt, es ist meine Schuld, es ist meine Schuld, es ist meine übergroße Schuld, ich muß mich erschießen, heute noch nicht, morgen noch nicht, aber bald, ganz bestimmt bald, Vinka, dann kannst du es allen erzählen, wenn ich tot bin und in meinem Blut liege, dann kannst du es allen erzählen, und die letzten Kugeln könnt ihr in mein Grab hineinschießen.

Trost für Vinka oder Rache.

Einmal werden unter dem Bett die Bretter brechen und ein Riß wird sichtbar werden, direkt hinunter in die Hölle zeigt der. Den Onkel wird es hinunterzwingen, und dort unten wird er bei lebendigem Leib im Feuer gedreht. Vorher haben ihm die Teufel seinen Schwanz ausgerissen und den Onkel gezwungen, den aufzufressen.

## Enrico Danieli

# Tanz

Das regelmäßig sich wiederholende Geräusch des Rasensprengers, die alltäglich wiederkehrende Sonne und die immer wieder neu ausgelegten Gartenschläuche waren der äußere Rhythmus meiner Krankentage im Vorsommer, die Tage glichen sich so sehr, daß es mir schwerfiel, mich in der Zeit zu orientieren, waren es Tage im Mai oder Juni oder Juli, so fragte ich mich, denn durch nichts unterschieden sich die Tage voneinander, auch meine Krankheit war eine äußerst mühsame, keine bedrohliche, aber doch eine sich dahinziehende und nicht ändernde Lethargie, natürlich kamen noch äußere Zeichen der Hinfälligkeit hinzu, täglich mußte das Gewicht und das Gelbe meiner Haut gemessen werden, und vielleicht waren es nur die Resultate dieser Messungen, jeweils am kommenden Morgen mit ernster Miene mitgeteilt, welche mich, allerdings auch nur für den Moment, aufhorchen ließen, denn wurden die Werte schlechter, gab es mehr Infusionen, wurden die Werte aber besser, konnte die Menge der künstlichen Ernährung gedrosselt werden; die meiste Zeit verbrachte ich auf dem nordwärts gelegenen Balkon des Krankenhauses Sanitas, eigentümlich angezogen von einer einzigen Lektüre, von Koeppens nach Rußland und anderswohin, schwer zu sagen, warum mich dieses Buch nicht langweilte, denn alle anderen Abwechslungen wie Radio oder Gespräche oder Fernsehen oder Telefon waren mir grenzenlos verhaßt, so schwieg ich denn den Tag hindurch, las oder blickte lange mit halbgeschlossenen Augen in den Tag für Tag gelber und brauner werdenden Park des Krankenhauses, schon kannte ich die Verteilung der Wassersprenger, kannte auch die Gangart der Gärtner, Spritzkannen schleppend, Schläuche ziehend, und kannte die erst gegen Abend von Norden her aufkommenden kühlenden Winde, ich blieb draußen, so lange es ging und es erlaubt war, ich war an keine festen Zeiten gebunden, da die Ernährung durch die Schläuche hindurch erfolgte, was mir ermöglichte, vor allem die Essenszeiten in Ruhe und Abgeschiedenheit und meistens allein auf dem Balkon zu verbringen, auch war es so, daß die heruntergelassenen Storen mich vor der ärgsten Hitze zu schützen vermochten, bekleidet nur mit dem leichtesten Schlafanzug, schlug ich jeweils die Bettlaken ganz zurück und glich mich mit meiner Farbe der Farbe der Wiesen rundum an, nur selten vernahm ich andere Geräusche als die bekannten der Wasserverteiler, einmal war's ein Fink auf der Brüstung des Balkons, der mit seinen Repetitionen selbst meine Lektüre verunmöglichte, einmal war's aus nächster Nähe und sich wiederholend und wieder und wieder der vierte Satz aus Mahler's Fünften, woher das nur kommen sollte, und nur gegen Abend bei aufkommendem Nordwind hörte man das Rauschen der nahen Autobahn, und lag also da und dämmerte so vor mich hin und liebte eigentlich diese Stunden, allein, sich selbst überlassen und nur mit den Hosen des Schlafanzuges bekleidet, war es mir recht leicht zumute, bis, eigentlich wußte ich zuerst gar nichts von der sich ankündigenden Veränderung, des Pfarrer's Blick auf den Koeppentitel verleitete ihn zur vagen Behauptung, leichteres wäre sicher in meinem Zustand bekömmlicher, und erst noch nach Rußland, weiter konnte das Gespräch nicht gedeihen, zu stumm, zu ablehnend mein Blick, zu frei mein Benehmen, und doch, seither, so wollte es mir vorkommen, war die Mittagsruhe gestört, denn es herrschte eine Unruhe und Emsigkeit, als wäre alles in Bewegung geraten, auch kamen die Schwestern häufiger vorbei, sei es, um den Puls zu zählen, sei es, um die Infusionstropfen zu kontrollieren, sei es, um die Laken über mich auszubreiten, und doch, ich bemerkte die Unruhe nicht unwillig, meinte ich eine Veränderung zu spüren, die mir schließlich nur recht sein konnte, bis – ja, da lag sie denn auf der anderen Seite des Balkons, ganz Spiegelbild, auch sie nur leicht bekleidet, auch sie mit Schläuchen versehen, auch sie stundenlang draußen, doch uns trennte eine gehörige Distanz, und doch, als ich ihr Gesicht sah und dieses Gesicht immer wieder sah, da meinte ich, es wäre Claire Bloom, 1952, natürlich, das war's, die Tänzerin aus Limelight, die Haare ebenso in der Mitte gescheitelt, die Augen groß und verletzbar, der Hals lang und sehnig, und wie sie da lag, und wie sie die Bettlaken zur Seite schob und so, mit einer leichten, schwebenden Handbewegung alles von sich entfernte, da konnte ich einen Schrei des Entsetzens nicht unterdrücken, denn kopfwärts war nichts mehr außer Knochen, die Beckenschaufeln stachen hervor, die Knie ganz spitz, die Schenkel Stecken, die Rippen einzeln zählbar und keine Brust, kein Bauch, und als ob sie meinen Schrei gehört hätte, drehte sie sich lächelnd um und sah mir gerade in die Augen, aber da war kein Verdruß, nur Stolz und Glück meinte ich zu sehen, als endlich die Schwester kam und unsere Blicke sich lösten und mein Gegenüber vorsichtig und mit allen Ehren, so wollte es mir vorkommen, zurückgeschoben wurde, da konnte sie es nicht unterlassen, mir mit der rechten Hand, eigentlich nur mit zwei Fingern, zuzuwinken, nun wartete ich jeden Tag auf ihr Erscheinen und wartete auf Claire Bloom, und als ich die Schwester nach dem Namen der Balkonpatientin fragte und diese mir, hinter vorgehaltener Hand mitteilte, sie sei eine englische Tänzerin, da konnte ich nur noch nicken, natürlich, wer denn sonst, aber wie ich auch wartete auf dem Balkon und Tag für Tag die gleichen Geräusche wahrnahm, am Tag die Rasensprenger und die vereinzelten Rufe der Gärtner und am Abend das Rauschen der Autobahn, meine Nachbarin wollte sich nicht mehr zeigen, auch die Schwestern hoben nur die Schultern, eine häufige Krankheit, hieß es, oder: eine Verweigerung, sagten andere, doch später sah ich sie wieder, und wie sie so vor mir lag und ich ihr Gesicht aus der Nähe betrachtete, ganz nah, da war ich mir plötzlich sicher, sie schon früher gesehen zu haben, nicht nur im Film, nein, jeden Abend, denn ging ich die Abkürzung durch den Park, kam ich an einem alten, großen, vielstöckigen Haus vorbei, es nannte sich Villa, doch mir kam das Haus vor wie ein englisches Schloß mit den Zinnen und Türmen und mit der Vielfalt an Stilen, Fachwerkbau, Riegel, Sandstein, Kunstschlosserarbeit, Butzenscheiben, Stukkaturen, Täfer, und wie ich mich von hinten dem großen, gegen den Park zu mit bis zum Erdboden reichenden Fenstern versehenen Festsaal näherte, da sah ich sie, jeden Tag, im Winter deutlicher als im Sommer, da durch das helle Licht die einzelnen Tänzerinnen aufs vortrefflichste zu sehen waren, alle leicht und schwebend, ich hielt mich meist etwas abseits, im Schatten eines immergrünen Schneeballs, er gab mir Schutz, ich wußte, daß die Säle des Schlosses vermietet worden waren an eine Tanzschule, Ballettakademie konnte man am Eingangsportal lesen, und so übten sie ihre Schritte, in Reih und Glied, der Größe nach geordnet, ich konnte mich nur schwer vom Gesehenen lösen, denn da ich die zu den einzelnen Übungen zugehörige Musik kaum hören konnte und nur die Bewegungsabläufe und Tanzschritte und Drehbewegungen aus den Hüften und aus den Beinen wahrnahm, bekamen die Bewegungen etwas unnatürliches und gestelltes, und vielleicht war es diese Selbstdarstellung der Körper im hellen Licht des Saals vor den vielen Spiegeln und gipsernen Verzierungen und Sprossen an den Wänden und vor dem im Hintergrund sichtbaren scheinbar stummen Klavier, welche mich so sehr irritierte, daß ich einem Zwang folgend, mich jeden Abend hinter dem Schneeball aufstellte, um das Schauspiel zu verfolgen, auch wenn ich keine Beziehung zum Ballett oder Tanz hatte, so war es eher diese Hingabe an den Körper, welche mich nicht mehr losließ, und da war in den Augen der Tänzerinnen ja auch ein Ausdruck von Freude, Stolz und Glück und nicht von Schmerz und Leid, nur selten konnte ich die mir fremd klingenden Befehle einer alten, hinkenden, dürren Lehrerin draußen im Park hören, à deux, allez, sautez, de plus, de plus, und manchmal drangen vereinzelte, losgelöste Töne aus Schwanensee oder Nußknacker zu mir, doch es war schwierig, die einzelnen Teile zusammenzufügen, und dann wurden die Befehle und Töne wieder unterbrochen durch die Schreie oder das Keuchen der Schülerinnen, und wie ich mich dem Verandafenster ganz näherte, also meinen Schutz aufgab, da war es, daß auch eine Schülerin sich aus der Gruppe löste, natürlich war sie mir schon früher aufgefallen und mein Blick hatte sich an sie geheftet, wegen der schwebenden Schritte, wegen der Leichtigkeit ihres Körpers und wegen der fehlenden Schwere ihrer Bewegungen, dachte ich, oder wegen des strengen Mittelscheitels, der großen staunenden Augen, des gedehnten Halses, so fragte ich mich, und wie ich meinen Kopf ganz nahe zur Scheibe hinbewegte und die Nase an der Scheibe plattdrückte, und wie sie sich gleichzeitig an das Fenster anlehnte, da wurde mir bewußt, wie dünn und doch kräftig, wie hinfällig und doch glücklich sie war, die Wangen gerötet, schweißnaß die hohe Stirne, die Augen leuchtend, bebend die Brust, und nur für den kürzesten Moment sahen wir uns in die Augen, da war kein Überdruß, nur Zufriedenheit, und schon wandte sie sich wieder ab und sprang und tanzte und steppte und es kam mir vor, als wollte sie mir alles zeigen und dehnte sich und bog sich und warf die Beine in die Höhe und spreizte die Beine, und mehr als einmal meinte ich, in ihren Augen ein Zwinkern feststellen zu können, und so kam es, daß ich den nächsten Abend mit großer Spannung erwartete, ich konnte mich erst beruhigen, wenn ich sie wiedersah, dann wiederholte sie unser Spiel, sie kam zu mir, zum Fenster, rot im Gesicht und naß die Haare, die Augen überlaufen, wir sahen uns nur kurz an, ja, es kam mir vor, wie zur Bestätigung hätten wir uns in die Augen geschaut, wir wußten warum, und immer strahlten ihre Augen vor Hingabe und Glück, später, viele Tage später, war mir aufgefallen, daß ihre Bewegungen ungelenker wurden, die Absprünge und die Kraft aber schienen gewaltiger zu werden und der Körper veränderte sich in den kommenden Monaten gleichsinnig, mir kam es vor, als ob die Kraft der Muskeln die Eleganz dominierte, und lehnte sie sich ans Fenster, da erkannte ich mit Schrecken und Abneigung, wie hart ihre Gesichtszüge geworden waren und gleichzeitig sah ich auch, wie die Knochen aus der Brust hervorstachen und die Waden und die Oberschenkel aufgeblähten Muskelbündeln glichen, und einmal, es war ein lauer Spätherbsttag, ein Fenster stand etwas offen, da hörte ich die Stimmen besser und die Musik deutlicher und die Befehle lauter und das Stöhnen und Keuchen waren so nah, da wurde sie gerufen, plus vite, en haut, de plus, Terry, ja, so meinte ich ihren Namen gehört zu haben, also doch nicht Claire, dachte ich, und ich hätte sie gerne beim richtigen Namen gerufen, doch die peitschende Stimme trieb sie immer wieder an und alles konzentrierte sich auf die Kraft und auf die Höhe der Sprünge und die Weite der Absprünge, doch dadurch hatte sie ihre Leichtigkeit und ihre Gelöstheit und ihre Eleganz eingebüßt, natürlich war sie auch älter geworden und in der Reihe nach hinten gerutscht, älter werden, so ging es mir im Schutz des Schneeballs durch den Kopf, heißt schwerer werden, nur die Kraft vermag die verlorengegangene tänzerische Eleganz zu ersetzen, die schwebende Leichtigkeit ist für immer verloren, so sagte ich zu mir selber und wiederholte diesen Satz und sagte weiter: nur durch endlose Aktivität kann es gelingen, in den vorigen Zustand zurückzukehren, und wenn der Körper nicht mehr standhält, so fragte ich mich, und noch einmal sollte ich sie sehen, angelehnt am Fenster preßte sie ihren vor Anstrengung dampfenden Körper an die dicken Scheibengläser, ich spürte ihre Hitze und Nässe draußen, und weiß im Gesicht und atemlos starrte sie mich an, was willst du, soweit habt ihr es gebracht, in ihren Augen sah ich nur Elend, Verzweiflung und Haß, sie zwinkerte mir nicht zu, sah durch mich hindurch in die Weite des Parks, dann aber, wie ich sie wieder und wieder suchte und auch schon meinte, sie gefunden zu haben, sah ich sie nie mehr, andere kamen und tanzten und wurden älter und schwerer und veränderten sich und rutschten in der Reihe nach hinten und verschwanden, nur den wenigsten, so kam es mir vor, gelang die schwierige Balance zwischen kindlicher Leichtigkeit und Schwerelosigkeit und erwachsenem Körper, und die hatten es wohl geschafft, die meisten aber sah ich nie wieder, und erst viel später sollte ich sie doch noch sehen, draußen auf dem Balkon, und da hatte sie mich gleich erkannt, hatte sich meiner erinnert im Schneeball, viel hätte ich dafür gegeben, mit ihr sprechen zu können, ihr Name war mir ja bekannt, da draußen, nur unterbrochen durch die Geräusche der Wasserverteiler und durch die seltenen Rufe der Gärtner und durch das Rauschen der Autobahn am Abend, ich hätte vielleicht erfahren, daß der Tanz nur dann Gültigkeit haben kann, wenn kein störendes Gewicht Schritte, Absprünge, Flüge verhindert, also der gewichtlose Körper dem Ideal am nächsten kommt, und hätte auch erfahren, daß eben alles diesem Ideal zuwiderläuft, das Alter, die Schwere, das Leben, und hatte mir zugewinkt, dann war sie verschwunden, versöhnlich stimmt mich nur ihr letzter Blick, keine Spur von Resignation, da ist nur Stolz und Glück in ihren Augen, meine Zeit aber hinter der heruntergelassenen Store des Krankenhauses war abgelaufen, Gewitterstürme waren aufgezogen, die Schläuche wurden eingerollt, die Rasensprenger zur Seite geschafft, die Rufe der Gärtner blieben aus, ich hatte mich erhoben, war aufgestanden und ließ hinter mir Verdruß, Lethargie und Resignation.

Sophia Deeg

# Das Kuckucksei

Es lag nicht an Aida, und sie konnte auch nichts mehr daran ändern; sie hatte den Namen und alles, was damit einherging – Holde Aida ... und dergleichen blöde Anreden – elterlichem, schon vorgeburtlich manifestem Opernwahn zu verdanken, einem Umstand also, der außerhalb ihrer Einflußreichweite lag. Sie lebte inzwischen damit, wie auch mit den Einsprengseln aus Opernlibretti, die sich wie pathetisches Konfetti, das am Aschermittwoch anklagend in der Gosse klebt, in ihre sonst so geradlinigen, sachlichen Gedankenflüsse mischten.

So hielt sie es auch mit einem anderen opernhaften Phänomen in ihrem Leben, das zu ihrer im übrigen eher puristischen Persönlichkeit wenig paßte: ihrem unmäßigen und tränenvollen Abschiedsschmerz an Bahnhöfen und Airports. Besonders an Bahnhöfen, stellt sie, inzwischen wieder trockenen Auges und nüchternen Sinnes auf der Heimfahrt in der U-Bahn fest. Postkutschen würden sich zur Entfaltung dieser Schmerzensorgien vermutlich noch besser eignen. Oder, wenn Günther auf einem feurigen Rappen davongesprengt wäre... Statt dessen sein vorwurfsvolles Gesicht am ICE-Fenster (Was warf er ihr vor? War sie etwa nicht tränenreich genug?), seine feuchten, klammernden Hände, reich mir die Hand, mein Leben, auch als der Zug bereits anfuhr, sein verlogenes: Amüsier dich gut, aber du amüsierst dich ja eh immer gut ohne mich...

Allerdings! Bitter-entschlossen stößt sie die Wohnungstür auf: Ja! Drei Wochen Besucher, die hemmungslos die Bude vollqualmen ... drei Wochen Minimalausstattung im Kühlschrank: Käse, Tiefkühlpizza, ungesund. Wein, jeder Rausch zerstört Millionen grauer Zellen, ja. Kino, auswärts frühstücken, ja, woher nimmst du nur das Geld. Da mach dir mal keine Sorgen, drei Wochen ohne dich geht's mir gut, du hast recht (wenn du auch unrecht haben wolltest). Kaum ist der erste Schritt in die ungeliebte gemeinsame Wohnung getan, hockt da ein gigantischer

Pappkarton – Statthalter von IHM, während ER auf Reisen ist. Das hat ER sauber eingefädelt! Da hockt ER: viereckig, klobig, dräuend auf dem unsäglichen blau-melierten, von der Katze gern bekotzten Teppichboden. Die Katze (Aidas Katze, die er, der Katzen mag, ihr, die Hunde mag, geschenkt hat) streicht beschwörend um das Kuckucksei herum, schmeichelt sich dann an sie heran, umschmiert ihre Beine.

Von dem PC ist schon seit geraumer Zeit die Rede. Günther schneidet das Thema immer wieder gerne an, seit er heraushat, daß sie keinen PC haben will, weil sie ihn a) nicht braucht und ihn b) aus gewissen ästhetischen und kulturkritischen Erwägungen heraus geradezu verabscheut, jedenfalls als Teil des häuslichen Maschinenparks, ohne den man angeblich nicht mehr sein kann. Sie schreibt gern ihre persönlichen Briefe mit schlichten Bleistiften verschiedener Härtegrade auf Recyclingpapier. Für Amtliches ist die alte Adler allemal gut genug.

So hat er es sich also verschafft, das vortreffliche Herrschaftsinstrument, das einen unwiderstehlichen Kinderreiz auf ihn ausübt: Zahlenkolonnen aufmarschieren lassen! für Befehle ALT-TASTE drücken! Rechtschreibung prüfen lassen! für Befehle ALT-TASTE drücken! alles mal schnell ausdrucken lassen und für zu lang befinden! für Befehle ALT-TASTE drücken! auf die Hälfte der Seitenzahl zusammenschnurren lassen! Befehlen, und die Welt versinkt.

Er hat es sich verschafft, indem er es ihr als liebe Überraschung, als zärtliches Abschiedsgeschenk darbringt. Sie sieht seine Schwäche und ist wider bessere Einsicht gerührt. Sie kann nicht umhin, in der unpassenden, hinterhältigen, egoistischen Gabe des Kuckucks auch das Geschenk zu sehen, das er ihr in aller Unschuld und Zärtlichkeit macht. Während sie das Kuckucksei aus knirschendem Styropor herausschält, weiß sie ganz genau, daß Günther sie liebt. Bedingungslos. Gnadenlos. Und sie, ihrerseits, liebt auf törichte, opernhafte Weise, so von ihm geliebt zu werden. E mio destino...

Aida hat das einäugig starrende Gerät auf ihrem Schreibtisch aufgestellt. Fein gespitzte Bleistifte sind herabgerollt, so viel Raum beansprucht das Kuckucksei. Auf Aidas schwarzberocktem Schoß hat sich aufdringlich schnurrend die Katze zusammengerollt und läßt zweifellos helle Haare. Alsbald schnurrt auch das Gerät, während es in dem Fenster hinter Aidas Rücken unbemerkt Nacht wird und das stumpfe Auge vor ihr sich bläulich schimmernd belebt. Vieni, amor mio, vieni!

Sie beginnt zu schreiben…

Liebster Günther, auf meinem Schoß liegt Tinka und wärmt mich, und vor mir leuchtet schon das Wunderding, stell Dir vor! Ich kam heim, noch ganz verheult, und da fand ich Deine Überraschung für mich vor. Jetzt sitze ich hier in der Dunkelheit, und meine Gedanken fließen ohne papierene Beschwerlichkeit direkt zu Dir in die Nacht hinaus, so kommt es mir vor, wenn ich sie in der flüchtigen Form des Bildschirmflimmerns materialisiert sehe. Wer hätte gedacht, daß ein Computer ein Vehikel für Romantik sein kann? – Ich jedenfalls nicht, Du weißt, wie sehr ich mich immer gegen so ein Gerät in unserer Wohnung gewehrt habe. Mein Liebster, ich glaube, manchmal brauche ich das – von Dir überrumpelt zu werden.

Den letzten Satz löscht sie. Bis dahin, vergewissert sie sich, ist nichts gelogen – wenn sie auch manches nicht erwähnt hat, was sie hätte erwähnen können. Zum Beispiel ihr Entsetzen beim Anblick des fatalen Kartons. Aber das ist jetzt nicht mehr aktuell, es stimmt, sie fängt an, sich für das leise summende, bläulich die Nacht erleuchtende Wesen zu begeistern. Und wenn sie, wie jetzt, für ein paar Augenblicke aufhört zu schreiben, betört das Gerät sie mit einem kleinen Himmelsausschnitt voller stürzender und immer neu erstehender Sternschnuppen. Sie schwebt in erlesener, leuchtender Entrücktheit, irgendwo zwischen den Sternen. Und auch Günther ist da, am unerschöpflichen Quell der Sternkaskaden, dort, wo immer neue von ihnen hervorstieben wie die Blumen und Früchte aus einem Füllhorn. Günther, der Schenkende, sich Verströmende. adesso voi siete per me l'occhio del firmamento.

Aber der letzte Satz muß weg. Statt dessen:

…Doch jetzt, während ich hier sitze und mit Dir auf diese sphärische Art plaudere, macht es mir großen Spaß, das Ding zu benutzen, einschließlich des sternchensprühenden Pausenprogramms.

Ich weiß allerdings nicht, wie mir zumute sein wird, wenn

mich morgen auf dem Weg zum Zähneputzen ein riesiges blindes Bildschirmauge anstarrt. Ich weiß nicht, ob es gut ist, daß Du mich immer wieder so überrumpelst. Als ich nach Hause kam, war ich wirklich wie vor den Kopf geschlagen, als mich im Flur dieser scheußliche Karton empfing, der nichts Gutes verhieß. Die Situation war so deprimierend vertraut. Fast wäre ich nicht einmal überrascht gewesen... Das erinnert mich... Ein Bild taucht auf, aus diesem schimmernden Viereck, wie aus der Tiefe eines Traums... Ich weiß nur soviel, da war ich schon mal, das habe ich erlebt, aber seither vergessen. Das Bild: eine Festungsmauer, irgendwo im Süden... Frankreich? Italien? – Frankreich, eines dieser marzipanenen, bis in den letzten schmiedeeisernen Schnörkel kunstgewerblich veredelten Provencenester. Und wir sitzen auf dieser Festungsmauer aus gepflegtem Naturstein und schauen runter. Wir sitzen, wie andere Touristen mit uns, an dieser Stelle, wo die Festungsmauer wie eine Art Balkon vorspringt und wo man einen besonders schönen Ausblick hat. So steht es jedenfalls in den Reiseführern, die von Familienvätern verschiedener Provenienz in Rucksäcken, Arschtaschen oder einfach in ihren verantwortungsbewußten Familienväterhänden mitgeführt werden. Du bist noch nicht mal Familienvater, aber du fühlst Dich trotzdem verantwortlich für das Urlaubsprogramm. Du glaubst, mir etwas bieten zu müssen. Nicht allein rosig aufgeputztes mediterranes Ambiente. Nicht allein diesen wunderschönen Ausblick. Nein, du bietest mir noch viel mehr als das: mit Deiner, bei solchen Gelegenheiten besonders volltönenden Stimme, der Stimme eines, der unbedingt alles recht machen will, der Stimme eines Klassenprimus, der unbemerkt zum Mann geworden und dabei immer noch Klassenprimus geblieben ist und vergessen hat, die kurzen Hosen gegen lange auszutauschen – mit dieser alles niederwalzenden, keinen Einwand und ganz gewiß kein Fünkchen Humor duldenden Stimme trägst Du vor, was im Guide Michelin über diese Festungsmauer und insbesondere über diesen exponierten Abschnitt derselben geschrieben steht, der nicht nur zu dem famosen Ausblick verhilft, sondern auch zu einer kurzweiligen Schauerlegende, nachzulesen in den niederländisch, französisch, englisch, deutsch oder japanisch abgefaßten Reiseführern, den Verantwortlichen für diese kurzbehoste, sonnenverbrannte Menschenansammlung ausgerechnet an diesem Fleckchen Erde. Während Du deklamierst, selbstvergessen wie vielleicht früher einmal beim Aufsagen der brav auswendig gelernten »Glocke« vor der neidisch schweigenden Klasse, lehnst Du Dich schwer und schwitzend auf mich und drückst mir mit Deinem Unterarm die Luft ab. Das ist unangenehm, sogar in dieser ersten Phase unserer Verliebtheit, meiner maßlosen Süchtigkeit nach jeder Berührung mit Deinem Körper. Den Guide Michelin hältst Du aufgeschlagen gleich neben meinem Gesicht, und Du brüllst mir Mittelalterlich-Schauerliches von tot oder lebend genau hier Hinabgestoßenen direkt ins Ohr. Ich sehe ihnen nach, wie sie hilflos trudelnd in den Abgrund stürzen. Mir schwindelt. Mir ist in der Umklammerung dieses Fremden der Boden unter den Füßen abhanden gekommen. Ich kriege keine Luft mehr. Mir wird übel. Ich mache irgendeine Bewegung, um das alles abzuschütteln, und der Guide Michelin fällt aus Deiner Hand, hinab, hinab. Mit fröhlich aufgefächerten Seiten tanzt er unbeschwert in den Abgrund den Gebeinen der Unglücklichen nach. Wie habe ich das so gründlich vergessen können?

Sie lehnt sich zurück und starrt in die Sternkaskaden, die ihr unablässig entgegenstürzen. Nicht viel anders als ihr eben diese Erinnerung aus demselben künstlichen Himmelsloch entgegengestürzt sind. Längst schon schreibt sie nicht mehr, sondern ihre Finger huschen über die Tasten, und sie liest auf dem Bildschirm, was sie einmal erlebt hat, bevor es in einem Abgrund von Amnesie versunken ist.

Natürlich ist er tiefbeleidigt gewesen damals, hielt es für ihre Absicht, den Reiseführer wegzuwerfen. Zu allem Überfluß in ein unzugängliches Dornengesträuch. Da blieb er hängen, frech aufgeblättert, eine Provokation. An Rettung war nicht zu denken. Sie kehrten dem entsetzlichen Anblick den Rücken. Der Tag war ihm verdorben. Der ganze Urlaub war ihm vergällt, er sprach von Abreise. Er, der Herrlichste von allen, wie so mi-ilde, wi-ie so gut... Der Boden unter ihren Füßen schwankte immer noch, während sie ihre Unschuld beteuerte und den fremden Geliebten beschwor, sich ihr doch anzuvertrauen, nicht abzureisen. Verzweifelt ergriff sie die willenlos, reiseführerlos an ihm herabhängende Hand, die er ihr nicht entzog. Da ahnte sie, daß er das Spiel genoß. Und so schauerlich es ihr auch war – immer noch fühlte sie sich schwindlig vor Fremdheit und Entsetzen – ließ sie sich ein auf sein Spiel. Denn jetzt war bitter-süße Versöhnungswonne nicht mehr fern. Als der Touristenstrom sie zum Stadttor hinaustrieb, lastete ER wieder bleiern auf ihr. Doch wie gern sie IHN jetzt trug!

Das war die erste Runde des Spiels, das sie seither ungezählte Male gespielt haben, jahrelang. Die erste, entscheidende Runde, die Runde, bei der sie ihre Unschuld verlor. Die Runde, bei der sie sich verriet um der süßen Macht willen, immer wieder zu gewinnen. Das erste Mal ist bis eben verschüttet gewesen. Dann kam, wie ein unentrinnbares Schicksal, Runde um Runde des Spiels. E mio destino.

E mio destino? Vor die Sternkaskaden hat sich ein stilles Schweben, ein Vorhang aus Flocken geschoben, eine sanft bewegte Spiegelung. Aida sieht sich um. Draußen vor dem Fenster fällt unablässig der Schnee, muß schon lange gefallen sein; die Welt ist versunken und eine neue strahlt unberührt. Sie wendet sich noch einmal der geschenkten Mini-Galaxie aus Flüssigkristall zu und bringt sie mit einem kühnen Handstreich ein letztes Mal zum Verschwinden. Sie schreibt:

Am liebsten wäre ich dem lachend hinabtaumelnden Büchlein nachgesprungen. Oder wäre weggelaufen. Statt dessen bin ich bei Dir geblieben, aus Gründen, die keine guten waren. Oder, überwiegend keine guten. Wie auch immer, sie haben sich, das wirst Du nicht verstehen, verflüchtigt. Sie sind mitsamt dem Sternchengesprüh, das mich zu Anfang dieser Unterhaltung so entzückte, in ein schwarzes Loch gestürzt, aus dem ich sie nicht wieder hervorholen will oder kann: Dies ist mein Abschiedsbrief an Dich. Aida.

Sie speichert unter dem Dateinamen »Kuckucksei«, Verzeichnis »miscellaneous«. Sie schließt die Datei, »beendet ordnungsgemäß die Sitzung« und schaltet das Gerät ab.

Sie jagt die Katze weg, wirft sich den Mantel über und ist draußen im Schnee.

## Geertje Suhr

# Portrait der Lyrikerin im Delirium

Sie reißt die Karte aus dem Umschlag, in den sie alles steckt, was ihn magisch herbeizieht: Ein Mörike-Gedicht, das er liebt, noch eine Karte, ein paar getrocknete Blumen, die einen hatte er zu Ostern gebracht und die andern zu einer Gar-kein-Grund-Feier, oder er war wie immer der Grund. Ein Altar-Umschlag. Sein Altar in ihren Händen. In ihren Eingeweiden. In ihrem Kopf. Zuerst muß man den Kopf attackieren. Der ist logischen Gründen geöffnet. Der wirre Rest bleibt der Zeit überlassen. Die arbeitet aber grausig langsam. Wenn man drinnen steckt, windet sich der schwarze Tunnel zum Kreis. Man fährt immer rundherum in dieser Terrornacht. Aber da ist ja Gott sei Dank der fast logische Kopf. Nun schau dir diese Karte an. Ich glaube, der will sich lustig machen, hat Kendra bei Erhalt gesagt. Das war vor fünf Monaten. Diese verquollenen fünf Monate. Die Annäherungen, ein Tag Jubel, dann seine Ausladung zum Mittagessen. Ihr Traum: sie geht mit Kendra, die aber gar nicht eingeladen ist, zu ihm zum Lunch. Er wohnt in einer Bungalow-Festung. Überall Polizisten oder sind das Wächter? Sie wachen darüber, daß Barbara draußen bleibt. Sie sitzt draußen mit Kendra, es kommt keine Nachricht von Rüdiger. Er lebt befestigt. Sie lebt offene Stadt, offenes Haus, offenes Hirn. Du lügst, sagt sie zu ihm bei der dritten Variation zum Thema: wo warst du gestern abend? Sie redet dumm neugierig, dumm genau, dumm besitzergreifend. Er gibt bei jedem Telefongespräch einen anderen Grund für das versagte Mittagessen an. Sie zählt fünf Gründe. So kann ich nicht weiter.

Der Mann will dich weg- und hinhalten, sagt Kendra. Du sollst zur Verfügung stehn, falls er doch mal wollte, also ganz weg sollst du nicht, aber auch nicht her. Spielt eben so sein Spielchen, haben wir alle schon mal mitgemacht. Vielleicht ist er verheiratet.

Am Wochenende ist er bei seiner Familie, Mutter, Tanten, Geschwister und so. Sehr enges Familienleben, da soll sie nicht anrufen. Während der Woche ruft sie an. Er nie. Er sagt: ich hasse die Anruferei. Dann reden sie stundenlang. Die schönen Gespräche. Einmal war ihre Mutter am Apparat: der hat ja die Stimme von Klaus. Klaus war ihr Ex-Mann, der gar nicht weggeeckst war. Die Scheidung ließ zwei Wohnorte entstehen, aber in ihr wohnten die Jahre mit Klaus. Sie wollte Klaus wiederhaben in Rüdiger, aber ohne seine Kälte, seine Prügelsätze, sein Gewitterschweigen, das tagelang und länger dauerte. Die schönen Gespräche am Telefon mit Klaus-Rüdiger. Die weiche Stimme und überraschende Härte. Immer weich wäre langweilig. Immer nett und klar und durchsichtig wäre langweilig. Dann bin ich langweilig: ich bin immer nett und klar und durchsichtig. Bis sie in Rage gerät: hör auf zu lügen, dies ist die zehnte Version um nichts.

Eine Prinzessin attackiert eine Festung. Die Mauern steigen im Kampf gewaltig hinan. Von fern oben zischen Pfeile herab, direkt in ihre nackten Fersen. Von wilder Schmerzlust durchbohrt, stöhnt sie: warum kannst du nie die Wahrheit sagen. Ehrliche Bosheit wäre weniger schmerzlich. Ohne Mauer und Pfeile ist das Spiel gleich aus. Es herrschte eitel Vereinigung oder eitel Trennung. Das wäre doch zu einfach. Man lebt nicht fünfzig Jahre und mehr für Glück und Aussprache und klaren Bruch. Man liebt Burgen, Verliese, Festungen. Nebel vor den Augen. Man liebt die Glut des Ansturms: ich liebe dich so, warum liebst du mich nicht mehr, gestern hast du mir doch gesagt, das gibt es doch nicht, das kann doch nicht wahr sein... Aber ich habe dir doch gesagt, tönt die harte Stimme Rüdigers, aber ich habe dir doch immer gesagt, ich kann das Geseiere nicht ausstehen. Dieser ganze Gefühlskram.

Was will er eigentlich von mir? Ich bin eine Gefühlskrämerin, ich handele in Sachen Gefühl, ich drücke mein Leiden in Gedichten aus, die ich ihm und anderen womöglich verkaufe. Er liebt meine lyrischen Leiden. Er haßt mein Geseiere. Das Gedicht ist wirklich schön, sagt die weiche Stimme, und Barbara öffnet ihr Riegel und Tür. Wie kann er das Gedicht schön finden, wenn er das, was drin steht, gräßlich findet, fragt sie das OHRakel Kendra.

Der will dich eben hinhalten, so halb und halb. Er genießt die Anbetung und haßt die Verfolgung. Er will dies ohne das. Schreib. Sei stolz. Zeig deine Gefühle selten prosaisch, immer lyrisch.

Ohne Gefühle wäre das Leben langweilig. Was wäre Rüdiger, wenn ich ihn nicht liebte. Noch nicht mal schön ist er. Vielleicht der unschönste Mann in ihrer Altar-Sammlung. Aber zur Gefühls-Zeit immer der schönste.

Mein König trägt eine Krone aus blondem Haar.

Wenn er mein König ist, bin ich sein Reich. Oder seine Armut. Das Land besingt seinen König. Der hört huldvoll zu. Ich darf am Gesangstag mal kurz in die Burg rein. Seine Stimme zum Tor-Einreißen. Plötzlich jagt das bekannte Schwert durchs Telefon. Aus mit der Audienz. Oder bilde ich mir alles ein. Diesen Melodienwechsel. Maskentausch. Lyriker haben eine lebhafte Phantasie, sagt er, wenn er sie in die Schranken weist. Bis dorthin und keinen Schritt weiter. Hier beginnt meine Machtsphäre. Das geht dich gar nichts an. Das ist mein Privatleben.

Sie wirft die Rüstung über, klemmt sich die Lanze unter den Arm und spricht los: dein Privatleben geht mich sehr wohl was an. Sie meint: ich bin dein Privatleben. Sie stößt und ficht, ihr kommen die brillantesten Formulierungen im Turnierrausch. Er sagt: du redest zuviel, ich kann Frauen, die zuviel reden, nicht ausstehen. Da hängt sie auf. In solchen Momenten kann man gar nicht mit ihm reden.

Mein Gott, laß den Mann doch in Frieden, der will nichts von dir, nur ein bißchen lyrische Aufmerksamkeit.

Ach Kendra. Aber wenn sie nicht anruft, sagt er, wieso rufst du mich nicht an. Hoffentlich höre ich bald von dir. Er freut sich, wenn ich anrufe. Bis er sagt, auf Wiedersehen. Beim Aufwiedersehen gefriert mir der Tulpengarten. Er kennt mich nicht mehr. Wir kennen uns doch gar nicht, sagt er. Nach einem Jahr Telefongespräche. Es ist wahr: er ist mir ein Rätsel, eine Rätselburg. Ich vermute Wunderbares hinter den hohen Mauern. Wer sich so verbarrikadiert, muß Schätze bergen. Hinter diesen Toren liegen die schönsten Rubine und Smaragde. Ich zeige alles offen: schwach sein ist menschlich. Er ist dunkel und stark und beschützt. Er macht mich so neugierig auf sich. Der ist überhaupt nicht interessant, sagt Kendra. Also für mich nicht. Wo du Rätsel siehst, sehe ich einen schwachen, unentschlossenen Mann, der ein Spiel spielt und noch nicht mal weiß, daß es grausam ist. Aber gestern war seine Stimme wirklich unbeschreiblich zärtlich. Hör auf, sagt Kendra, du, ich muß was tun, und sie hängt ab.

Diese Schrift ist verkrampft. Barbara wedelt mit der Karte. Unglaublich verkrampft. Eine Krampf-Festungs-Schrift. Erstaunlich für einen Journalisten, der Tag für Tag schreibt. Schnell schreibt. Diese Schrift ist langsam. Ein Wort hat er ausgestrichen mit fünf Strichen. Ein- zweimal war nicht genug, fünfmal ist er drüberhin: weg mit dir, du Wort. Zu Boden mit dir, du Wort. Ich lösche dich aus. Wie mit einem Lineal gezogene Hiebe. Ein anderes Wort mit weißer Tusche weggelöscht: es muß ein gräßliches Wort gewesen sein, vielleicht zärtlich, fast wahrhaftig, ich habe dich – und weg mit dem verdammt klebrigen Wort, auf dem sie sich gefangen hätte wie die Mücke im Honigleim, und nun steht ohne Konsequenzen: ich habe dich verpaßt, und Barbara denkt an das verpaßte Wort, an alles Ausgelöschte, Vertuschte, Bedeckte, Verbarrikadierte. Renne ich nun eine leere Form an oder eine von Kostbarkeiten erfüllte Burg? Er macht sich rar, er macht sich selten, er macht sich interessant. Er kommt dich jedenfalls teuer zu stehen, sagt Kendra lachend. Aber du zahlst für nichts, glaube mir. Der Mann will nichts Rechtes von dir und hat wahrscheinlich nichts zu bieten. Das wahrscheinlich macht mich wahnsinnig: wenn er doch was zu bieten hätte? Und vielleicht gibt er es bald her. Wenn ich nur konstant bleibe. Den Heimann will er nicht als Nebenbuhler, hat er gesagt. Wenn er keinen Nebenbuhler will, ist er mein Buhler, dann gibt er doch zu... Der gibt überhaupt nicht zu, sagt das OHRakel, der will nur keinen Nebenbuhler, wo er auch nicht buhlen will. Was will er denn von mir? Der will Aufmerksamkeit und Lyrik. Der läßt sich anlieben wie eine kokette Frigide. Ich versteh die Welt nicht mehr. Ich will keine Anbetung, wo ich nicht anbete, ich will keine Aufmerksamkeit, wo ich nicht aufmerke. So ich dir wie du mir. Der hat eben ein anderes Programm in seinem Computer. Ich werde ihn an Gefühle für mich gewöhnen. Du wirst dich an die Kämpfe gewöhnen, an die in Berg und Tal herumsausende Jagd.

Er verschlingt meine Arbeit, meine Obsessionen. Mit aller

Kraft richte ich die Feder auf ihn. Er springt aus allen Papieren. Ich habe den Frühling versäumt, den Roman versäumt, das Briefeschreiben versäumt, das Genießen versäumt. Ich bin auf der Jagd nach dem Gral, ich suche Atlantis, Cythera, Arkadien. Ich starre eine himmelhohe Wand an, und dahinter liegt mein Glück. Alles oder alles, schreit die Prinzessin: ich will das ganze Glück oder das ganze Unglück. Das OHRakel fleht: geh auf halb und halb. Ich hasse alles Halbe, Kendra. Aber das Halbe ist der silberne Mittelweg zwischen Schrott und goldenem Schein. Wer befreit mich von mir selbst? Diese Schrift gruselt mich: sie sagt, hinter der Mauer liegt ein ödes Feld. Sie ist starr linkswärts gerichtet, links, das ist die Burgmauer. Rechts, das ist die offene Stadt. Die Buchstaben knallen eng aufeinander, wer es eng in sich hat, muß Raum sparen. Was du alles weißt und doch nicht weißt, sagt Kendra. Merkst du die Anspannung in den Anfangsbuchstaben? Rüdiger springt über Hürden, siehst du, täglich Hürdenspringen und dahinter neue Hürden, eine Hürdenwelt hat er sich aufgebaut, habe ich zwanzig übersprungen, stehen schon fünfzehn neue da. Ich sage, Rüdiger, weg mit diesen Hürden. Da ist er schon zehn Hürden weiter. Ich immer hinterher. Mein Gott, wer hält das aus? Ich sage dir ja Barbara, der hält dich in Trab, aber nirgends ist Ziel und Siegesfeier. Er entzieht sich mir und zieht mich magisch hinter sich her. Warum lasse ich ihn nicht ziehen? Warum bin ich immer Amazone und Schlachtroß und Hürdenspringer? Du bist Liebeslyrikerin, merke dir das. Das ist in meinem Fall das gleiche. Wäre es mir gegeben, eine Liebe glücklich zu Ende zu leben, ich gäbe mein Talent gerne her, glaube mir das. Da muß ich ja sagen, Gott sei Dank bist du Amazone und Schlachtroß und Hürdenspringer. Willst du dich über mich lustig machen. Nein, aber ich bewundere deine Lyrik. Sprachlos glücklich lieben können viele. Schau doch mich an. Wie ich dich beneide.

Wie ich dich beneide.

Schau dir noch einmal diese Schrift an, Kendra, sie ist eine Festung, eine scharf bewachte Burg, ein Gral, eine Schatzkammer, Hürde um Hürde und dahinter das Paradies.

Ja, dieses Mal bin ich doch sicher: hinter dieser Schrift liegt mein Glück. Ich darf mich nur nicht wieder beirren lassen, durch

Graphologisches oder dergleichen. Konstant bleiben, darauf kommt es an.

Eine Prinzessin rennt eine Festung an. Riesenhoch starren die Mauern ins Land. Schier unüberwindlich. Aber die Prinzessin ist hochgerüstet vor Erwartung: hinter dieser Mauer liegt mein Glück gefangen. Nur ich kann es befreien und erlösen. Es ist für mich allein bestimmt, ohne mich müßte es elendig verrotten. MEIN GLÜCK, halte dich bei Kräften, ich bin hier, ich komme schon, ja, suche mich, so wie ich dich:

mein König trägt eine Krone aus schwarzem Haar
ich bräche mir gerne manche Zacke daraus

die pflanzte ich tief in meinen Garten hinein
ihm erwüchse alsbald ein urdeutscher Wald

er könnte gemächlich Luft schnuppern gehn
melancholisch zu den geraubten Spitzen hinsehn

dann rauschte ich zärtlich von oben herab
hielte meinen König waldläufig in Trab

so würde er mich um Zeichen anflehn
und mein Lächeln vor lauter Bäumen nicht sehn

## Gabi Blauert

# Es war, es wird sein

Sie sagten, er wäre so groß gewesen wie zwei Männerfäuste. Es war wohl die Notwendigkeit, ein solches Ding mit irgendeinem anderen, bekannten Ding vergleichen zu müssen, um es beschreiben zu können. Tennisbälle, Glasmurmeln, Fingerkuppen, eine Faust, ein Markstück.

Der Junge hatte eine genaue Vorstellung von diesem Ding in ihrem Bauch, und diese seine Vorstellung wuchs mit; die beiden wuchsen genau vier Wochen lang, das Ding sichtbar für alle Welt. Die Bettdecke bildete ein kleines Zelt, als hätte jemand einen Faden drangebunden und würde nun daran ziehen, jeden Tag ein bißchen mehr. Aber das wird der Junge erst später denken können, später, wenn er sich erinnert. Vorerst kann er nichts beschreiben, und er nennt das Ding auch nicht Ding. Er benennt es gar nicht, es existiert nur als ein Bild, das das immer gleiche Gefühl erzeugt: Entsetzen; ein kurzer Augenblick, in dem sein Atem und sein Herz aussetzen.

Am Ende dieser vier Wochen war ihr Bauch rund und prall. Von außen betrachtet hätte sie eine Frau am Ende des sechsten Monats sein können. Wäre da nicht ihr weißes, dünnes Haar gewesen. Manchmal sagte sie: »Ach, Junge, könnte ich mir doch nur die Haare waschen. Ich sehe bestimmt schrecklich aus.« Dann log er und sagte, daß sie gar nicht schrecklich aussähe, im Gegenteil, sehr hübsch, nur ein bißchen blaß, sicher vom langen Liegen.

Er hätte sie gern bei ihrem Namen genannt, Gertrud, aber das war unmöglich, sie war doch seine Großmutter. Er liebte sie sehr. Mach dir keine Sorgen, Gertrud, dachte er. Ab morgen bekommst du eine größere Portion Morphium. Portion, dachte er, nicht Dosis. Er war vierzehn, und er besuchte sie jeden zweiten Tag.

Ihre Hände zu streicheln war das schwerste, die Kanüle steckte genau in der Mitte ihres linken Handrückens, zwischen den sich abzeichnenden Knochen ihrer abgemagerten Hand. Der Ring ihres Mannes, der nun schon seit vierzig Jahren tot war, lag am Rande des Nachttisches. Es war den Schwestern zu müßig geworden, ihn zwischen den Laken zu suchen – immer wieder glitt er ihr vom Finger.

Diese Kanüle erfüllte ihn bei jedem Besuch mit Schrecken. Wie sie unter dem Pflaster so plötzlich in seiner Großmutter verschwand. Die Stelle entzündete sich schnell, und sie stachen dann in eine andere Stelle, und bald sah sie aus wie eine Süchtige. Sie, die immer gesund gelebt hatte. Schafgarbe frisch von der Wiese. Nur dieses eine Glas weißen Wermut an manchen Abenden, wenn sie den Tag über keinen Menschen gesehen hatte. Sie haben ihr nicht gesagt, was los ist. Vier Wochen lang haben sie alle belogen. Einmal war er dabei, als sie fragte: »Wann werde ich operiert?« – »Bald«, sagte der Arzt mit einem Lächeln. »Wenn Sie wieder ein bißchen zu Kräften gekommen sind.« Und irgendwann fragte sie nicht mehr. Das war, als sie sah, wie die Decke auf ihrem bisher flachen Bauch sich langsam hob. Obwohl sie doch am Tropf hing, obwohl sie doch gar nichts mehr aß.

Wenn er bei ihr saß, erzählte er ihr, woran er sich erinnerte und wohin sie zurückkehren würde: In ihre kleine Wohnung mit den alten schönen Kachelöfen, zurück in das Dorf, das keine Straßennamen hatte, weil es nur eine Straße gab. Und auf der Singernähmaschine lag immer ein weißgelber Handspiegel, so ein großer, wie ihn die Friseure benutzen. Er hat sie oft vor dem Kleiderschrank mit dem mannshohen Spiegel in der Mitte stehen sehen und ihren Hinterkopf in Augenschein nehmen; ob die weißen Locken unter dem silbergrauen Haarnetz auch richtig lägen. Diese silbergrauen Haarnetze gab es nur in der Stadt, und er schickte ihr in seinen Briefen oft zwei, drei mit. Sie freute und bedankte sich immer. Diese Netze lagen, zusammen mit den vielen Kämmen und Bürsten, die sich seit dem Krieg bei ihr angesammelt hatten, in einer Küchenschublade. Der Griff war ganz abgenutzt.

»Ja«, sagte seine Großmutter. »So war es.«

Hier gab man ihr keinen Spiegel, weil sie nicht danach verlangte. Sie sah in die Augen der um ihr Bett Versammelten und wußte, daß ihr Gebiß immer größer zu werden schien und ihre hellen Augen in schwarzen Höhlen verschwanden. Der Junge hörte seine Eltern die Sätze lügen, an die sie gerne glauben wollten. Zum Beispiel sagten sie oft den Satz: »Das wird schon.«

Der letzte Tag war ein warmer Sommertag. Er saß mit seinen Eltern beim Mittag – er versuchte sich später vergeblich zu erinnern, was sie gegessen hatten –, als unten der Postbote klingelte und »ein Telegramm für...« rief. Er wurde hinuntergeschickt, das Telegramm zu holen, acht Treppen runter, acht Treppen hoch, er machte es nicht auf, er gab es seinem Vater, der machte es lange auch nicht auf. Er saß dann an seinem Tisch in seinem Zimmer und begann, sich gegen das Vergessen zur Wehr zu setzen:

...die weiße Kaffeekanne aus Steingut mit den blauen Punkten; die alte Briefwaage aus Metall, die sie nie benutzte; der an den Enden aufgesplitterte Rohrstock, den er als Kind in ihrer Stube oft auf dem rechten Zeigefinger balancierte; das rote Blechauto zum Aufziehen mit vier Gängen, Rückwärtsgang und Handbremse, von ihrem ältesten Sohn, seinem Vater; das dicke Buch in dieser seltsamen alten Schrift *Grimms Märchen*; das mächtige Röhrenradio mit so einer grünen Lampe, wenn die leuchtete, konnte man einen Sender einstellen; die Suppenschüssel mit dem Löwenkopf auf dem Deckel; der Fliegenpilzsalzstreuer... all diese Dinge, die einmalig sind und die Kinder nicht vergessen können, weil sie wie ein Naturgesetz zu den Sommer- und Winter- und Herbstferien gehörten, weil sie die Ferien *waren*.

Gestern war er noch bei ihr. Er fuhr mit dem Zug, vier Stationen, eine halbe Stunde. Das letzte Stück ging er zu Fuß. Überall waren Leute mit bunten Eimern, die Blumen an solche wie ihn zu verkaufen suchten. Er kaufte keine. Es machte mehr Probleme als Freude; in der Klinik gab es zu wenig Vasen, man sagte, die Patienten, die die Klinik lebend verließen, ließen die Vasen mitgehen, es sei wie ein Fluch. Daher auch überall die Flaschen. Hätte er gewußt, daß es sein letzter Besuch war, er hätte von seinem Taschengeld vielleicht Blumen und eine Vase gekauft. Vielleicht.

Die Sonne schien in das Fenster des Zimmers, in dem seine Großmutter mit zwei anderen alten Frauen lag. Die im vorderen Bett lag meist mit geschlossenen Augen oder sie starrte in die Luft, ohne jemals ein Wort zu sprechen. Sprach man sie an, schien sie es nicht zu hören. Die im hinteren Bett, die alle nur das Trudchen nannten, obwohl sie Marie hieß, machte pro Woche zwei, drei Versuche zu fliehen. Man hatte ihr längst ihre Sachen weggenommen, doch das schien ihr Heimweh nur zu verschlimmern. Einmal hatte sie es schon barfuß und nur im Bademantel bis zum Bahnhof und sogar auf den richtigen Bahnsteig geschafft. Sie konnte nicht sprechen. Kehlkopfkrebs. Seine Großmutter sagte oft, wie gern sie mit ihr reden würde und zeigte ihm die engbeschriebenen Zettel, die ihr durch die Schwester von ihrer stummen Freundin überbracht wurden. Die alten Frauen lächelten sich durch das Zimmer hinweg an, und die Großmutter verriet ihre stumme Freundin nie, wenn die wieder in ihre ausgetretenen Pantoffeln schlüpfte und zur Straßenbahnhaltestelle wankte. Wie heute. Er war erleichtert, als er sah, daß ihr Bett leer war. Und auch das andere Bett. Der Junge zog sich einen der mit grauen Kunststoff bespannten Stühle heran. »Die Arme ist in der Nacht gestorben«, sagte seine Großmutter leise. »So ist es ja auch besser.«

»Wie geht es dir heute?« Er nahm ihre schmale Hand und versuchte, sie zu streicheln, ohne die Kanüle zu berühren.

»Ach, Junge, was für eine Frage.« Er streichelte weiter ihre Hand, sie schloß die Augen. Für ein paar Minuten nickte sie ein. Noch nie war ihm seine Großmutter so nah gewesen – und gleichzeitig so fern. Er sah ihre knochige Brust über dem nun viel zu großen Nachthemd, er sah, wie sie sich hob und senkte, nur ganz wenig, als würde ein Vogel atmen. Er sah die Ader am Hals pulsieren und das Zittern ihrer Lider über den Augen. Er staunte, wie regelmäßig die Tropfen Traubenzuckerlösung aus der Glasflasche in den durchsichtigen Schlauch fielen, tak... tak... tak... tak...

Er ertappte sich bei dem Gedanken: Laßt sie doch endlich gehen, bitte!, als sie die Augen öffnete und ihn auf eine Weise ansah, als hätte sie seinen letzten Gedanken erraten. Sie lächelte. Zum ersten Mal seit vielen Tagen lächelte sie.

»Na«, sagte sie leise, »woran denkst du gerade?« – Es gab nichts zu antworten. Nach einer ganzen Zeit fragte sie: »Wir haben uns immer sehr gemocht, nicht wahr, mein Junge?« Er nickte. Und plötzlich kam die Traurigkeit, als hätte jemand das Fenster weit geöffnet und schwarze Schatten hereingelassen. Er sagte es ihr.

»Ach, Junge, du mußt nicht traurig sein, nicht wegen mir«, sagte sie. Und jetzt lag ihre Hand auf der seinen und drückte sie wie zum Trost.

Als die Flasche mit der Traubenzuckerlösung ausgewechselt werden sollte, bat sie die Schwester um einen kurzen Aufschub, und maulend gestattete die ihr, allein auf die Toilette zu gehen. Sie bat ihren Enkel, ihr zu helfen. Und so kam es, daß er zum ersten und letzten Mal in seinem Leben ihren Körper spürte, den er bisher nur durch flüchtige Küsse und scheue Umarmungen zur Begrüßung kannte: Seine Finger umschlossen ihre dünnen, knochigen Arme, als er ihr aufhalf und sie noch im Sitzen ihre Hausschuhe anzog. Er hob sie hoch, und obwohl ihre Muskeln vor Anstrengung zitterten, mußte er sie heben wie ein schlafendes Kind. Er führte sie langsam in kleinen Schritten hin zur Tür und durch die Tür hinaus auf den Flur, und auf dem Flur die zwanzig Schritte bis zu den Toiletten, und dort bat sie um eine Pause und lehnte sich, die Augen vor Erschöpfung geschlossen, an ihn, so daß er nichts anderes tun konnte, als sie in den Arm nehmen und festhalten. Er streichelte sie und sprach beruhigend auf sie ein, und sie legte ihren Kopf an seine Brust und weinte.

Er ging mit hinein, sie wäre umgefallen, hätte er sie nur einen Moment aus seinen Armen gelassen. Er hielt sie unter den Achseln, damit sie allein das Hemd hochheben konnte. Er setzte sie hin, er versuchte, tapfer zu sein. Er wartete vor der Tür am Waschbecken, bis sie fertig war und leise seinen Namen rief. Als er ihr aufhalf, weinte sie wieder; ein trockenes Schluchzen, sie hatte kaum noch Tränen. Schwankend standen sie in dem winzigen Raum, aneinandergeklammert, und als er kurz eine Hand von ihr löste, um die Kette der Spülung zu ziehen, hatte er das Gefühl, als hörte in genau diesem Augenblick sein Leben auf.

»Gott, es ist so furchtbar, ich schäme mich so, wenn du wüßtest, wie ich mich schäme. Daß du mich so sehen mußt! Ich möchte so gerne sterben, ich möchte nicht mehr leben, ich möchte endlich sterben.« – Er konnte nichts gegen sein Weinen tun, und er konnte nicht lügen, konnte nicht sagen, »ach, es wird schon«, oder »du wirst nicht sterben« oder, oder, oder. Er sagte: »Ich verstehe dich, Großmutter«, und er haßte sich für seine Schwäche und seine Ehrlichkeit. Erst Tage später, als die anderen längst zurück durch das Dorf zum Haus gegangen waren, um die Kuchen anzuschneiden und Kaffee aus der Kanne mit den blauen Punkten zu trinken, er aber noch für eine halbe Stunde in der Kapelle bei ihrem Sarg blieb, begriff er, daß er nicht das Falsche, sondern das einzig Richtige getan hatte.

Aber vorerst mußte er das starke Gefühl des Versagens ertragen und ganz für sie da sein; als sie genug Kraft gesammelt hatte, um die zwei Dutzend Schritte zurück zu schaffen, brachen sie auf.

Angelika Mruk-Badiane

# Der Trommler

Deutlich erkennbar sind zwei Reihen kräftiger weißer Zähne.

Entblößt zu einem Lächeln?

Oder zum Angriff?

Ich glaube kaum, daß ich das heute noch entscheiden kann.

Es liegt so lange zurück.

Zumindest habe ich den Eindruck, wenn ich jetzt das Foto betrachte.

Den Eindruck von einer sehr entfernten Vergangenheit.

Es muß ungefähr zwei Jahre her sein.

Genau festlegen möchte ich mich da nicht.

Das exakte Zeitmessen erscheint mir inzwischen etwas fragwürdig.

Vielleicht bin ich aber auch nur aus der Übung.

Erinnern kann ich mich schon daran.

An Terminkalender und Uhren, an eine Zeit, die, verplant und vermessen, nur als Mangel ins Bewußtsein trat.

Bloß das dazugehörige Gefühl ist mir verlorengegangen.

Das Foto ist noch immer in einem erstaunlich guten Zustand.

Es ist der erste und einzige Abzug, den ich machen ließ.

Alle anderen Bilder des Films sind, wie die Negative, längst verschwunden.

Ein Schwarz-Weiß-Foto, unterbelichtet.

Entstanden an einem dieser Herbstabende, an denen es viel zu früh dunkel wird.

Ich war im Garten und fotografierte Luna.

Luna, meine Katze.

Sie fegte durch's Gebüsch und ich mit der Kamera hinterher.

Kurz bevor ich auf den Auslöser drückte, registrierte ich die hell schimmernden Zähne im linken oberen Ausschnitt des Suchers.

Das schwarze Gesicht, das zu den Zähnen gehörte, blieb im dunklen Schatten des Gebüschs unsichtbar.

Ein Mann, groß, schmal und von unbestimmtem Alter.

Ich hatte ihn noch nie gesehen.

Wie kam er in meinen Garten, und wie lange stand er schon dort?

Ich erinnere mich nicht, diese Fragen gestellt zu haben.

Weder ihm noch mir.

Sprachen wir denn miteinander?

Was waren seine ersten Worte?

Mein Gedächtnis gleicht in diesem Punkt einem verschwommenen, dunklen Fleck.

Wie das Foto, auf dem Luna nirgends zu erkennen ist.

Wären da nicht diese sehr weißen Zähne...

Er folgte ihr ins Haus, unaufgefordert. Anna dachte daran, daß Jan oben in seinem Zimmer war und arbeitete. Sie wußte nicht, warum dieser Gedanke in diesem Moment, aber er strömte warm und heftig durch ihren Puls.

»Mein Mann«, wollte sie sagen, »wissen Sie, er ist Illustrator, arbeitet zu Hause.« Sie spürte den Satz sich formen, zuerst als Bild im Kopf, dann als vorausgeahnter Klang in der Mundhöhle.

»Freiberufler ist er«, hätte sie hinzufügen wollen, weil sie das Wort mochte – frei zu sein und berufen, wenn es das gäbe!

Doch etwas im Blick des Fremden verschloß ihr die Lippen, ein Blick, der an ihr vorbeiglitt.

Sie ging in die Küche und begann, das Abendessen vorzubereiten. Er hockte sich auf die Treppenstufe, die von der Küche zum Eßzimmer führt und wartete ab. Für manche Menschen ist abwarten eine Beschäftigung wie jede andere. Die weder Anspannung noch Ungeduld provoziert. Deren Motiv und Ziele verborgen bleiben.

Er saß und schwieg, wie er sie schweigen machte, während sie mit Schüsseln und Pfannen hantierte. Schweigen, wußte Anna, täuscht gefährlicher als Worte. Vielleicht gibt es ein gutes und ein schlechtes Schweigen oder das *Gefühl*, ein Schweigen sei richtig oder falsch, trüge eine unerhörbare Entlastung oder Belastung in sich. Aber jedesmal ist da die stumme Täuschung (oder die täuschende Stummheit), worin der Angeschwiegene nur mutmaßend stochern, nach Beweggründen und Sinn fischen kann.

Sie stellte den Futternapf in die Diele und öffnete die Haustür, aber Luna wollte nicht zum Fressen hereinkommen. Sie kauerte noch an derselben Stelle im Gebüsch, wo Anna versucht hatte, sie zu fotografieren. Trotz Rufen und Locken weigerte sie sich, ins Haus zu kommen. Ihr Fell schien seltsam gesträubt.

Sie aßen und tranken zusammen mit dem ungeladenen Gast.

»Wie mager er ist«, flüsterte Jan.

»Ob er Hilfe braucht?« flüsterte Anna zurück.

Sie sprachen über Alltägliches, Belangloses, Unverbindliches. Wollten den Fremden nicht mit Neugier bedrängen, keine Verlegenheiten herbeifragen. Er blieb lange, an jenem Abend. Sein Deutsch war löchrig, durchsetzt von Lauten und Worten, die Anna nicht kannte. Weit nach Mitternacht war's, als er schließlich ging. An der Haustür sah Anna, daß Jan ihm einige Geldscheine in die Hand schob.

Langsam schlenderte der Mann zum Gartentor. Er drehte sich nicht noch einmal um. Luna sprang mit einem Satz aus dem Gebüsch, fauchend.

Als Anna am nächsten Abend nach Hause kam, war er schon da. Saß auf den Küchenstufen und summte vor sich hin. Neben ihm die Holztrommel, eine Djembé, ziegenfellbespannt.

»Hör mal, wie klingt das?« fragte Jan, der gerade zur Küchentür hereinkam. Lachend schlug er auf die Trommel, der Fremde nickte ihm zu.

»Trommler ist er«, rief Jan und stieß beide Hände ins Fell, daß es knallte. Lachte wieder, sehr laut, wie Anna ihn nicht lachen kannte.

»Hat seine Trommel mitgebracht, damit ich's bei ihm lerne.«

Sie entdeckte rötliche Flecken in Jans Gesicht und an seinem Hals, die sie unpassend fand.

»Wenn er ab und zu zum Essen käme? Dafür, daß er's mir beibringt?«

Anna zuckte die Schultern. Horchte Jans Stimme hinterher, deren hoher, beinahe schriller Klang sie irritierte. Er sah sie erwartungsvoll an.

»Wenn du willst«, murmelte sie, rückte sich einen Stuhl zurecht. Auf einmal fühlte sie sich sehr erschöpft.

Der Trommler kam und ging. Füllte das Haus mit dumpfem Tam-tam und immer neuen Utensilien, Trommeln und einer Unmenge von Tüten, vollgestopft mit Dingen, deren Herkunft und Verwendungszweck Anna unklar blieben. Was er mitbrachte, strömte einen intensiven Geruch aus, der sofort in allen Zimmern klebte, in den Teppichen, den Möbeln, den Betten. Luna schrie und fauchte, sobald sie das Haus betrat, war zornig, aggressiv, beleidigt.

Er sprach sehr wenig, doch Anna ahnte gleich, daß es keine Frage einer *bestimmten* Sprache war. Er war ein Mensch, der Dinge tat, ohne darüber zu reden. Ohne die Meinung anderer zu erwägen. Es kam ihm nicht in den Sinn, Fragen zu stellen, er forschte nicht nach Erkenntnissen oder Einsichten. Der Austausch von Informationen interessierte ihn so wenig wie eine Unterhaltung um ihrer selbst willen.

»Er ist das genaue Gegenteil von uns«, sagte sie zu Jan. »Sofern man lebende Wesen als Gegenteil bezeichnen kann.«

Der Trommler zeigte keine Regungen der Freude oder der Traurigkeit, keinen Ärger, keine Zufriedenheit. Er gab keine Hinweise, keine Auskünfte über sich als menschliches Wesen in wechselnden Zuständen und Gemütsverfassungen. Er blieb un*faßbar* und *gleich*gültig. Sein Anderssein war überwältigend. Etwas Bezwingendes lag darin, das ihre vertrauten Gewohnheiten schon im Ansatz erstarren ließ, sie dem Unbekannten schutzlos auslieferte. Als ob es ansteckend wäre, dachte Anna, als könne man es nur ertragen in der Bereitschaft zur Infizierung.

Schon bald verfielen auch Jan und sie in eine ziemlich wortkarge Art der Verständigung, beschränkt auf das Allernötigste. Sie, denen die Lust des Sprechens die eigentliche war. Die sich Formulierungen und Argumente begeistert auf der Zunge zergehen ließen, den Dingen erst durch ihre Benennung Existenz verliehen.

Mit den Worten kam auch die Bindung abhanden, die sie ausmachten. Die täglichen Begegnungen nahmen ab. Anna sah Jan immer seltener. Wenn sie morgens aufstand, schlief er noch, und wenn sie aus dem Verlag nach Hause kam, hatte er sich mit seinem Trommellehrer in den Keller zurückgezogen und übte.

Veränderungen sind wie Bazillen, manchmal. Anna fragte

sich, woran sie gedacht hatte beim Anblick der rot-grünen Matte, ausgerollt in ihrem Wohnzimmer. Oder beim Stolpern über die ständig wachsende Anzahl von Plastiktüten. Sie *müßte* doch etwas gedacht haben. Wann begriff sie, daß aus dem Besucher ein Mitbewohner geworden war? Ob das eine Rolle spielte? Die Frage nach dem Zeitpunkt, nach dem Begreifen? Manchmal zergrübelte sie die Tage, besessen von dem Gedanken, etwas zu finden, zu erkennen, von dem sie nicht ahnte, was es sein könnte.

Der Winter, bis weit ins neue Jahr. Eine Eisklammer drückt die Zeit zusammen, bis der Frost sich festbeißt und von innen genährt wird.

Abends sitzen sie zusammen und essen. Das ist die eine Stunde am Tag, wo sie wissen, wir sind zu dritt. Kenntnis nehmen von der Existenz einer Gemeinschaft, die es schon nicht mehr gibt. Anna hat herausgefunden, daß Jan und der Trommler meistens gegen neun aus dem Keller auftauchen und stellt sich mit dem Kochen darauf ein. Ihr bekommt das späte Essen schlecht.

Der Trommler hat die Angewohnheit, hintübergelehnt tief in den Stuhl zu rutschen, mehr liegend als sitzend. Eine aufrechte Haltung scheint ihm unbekannt. Vielleicht ist ihm das Sitzen auf Stühlen überhaupt unbekannt, egal in welcher Haltung. Er hat die Angewohnheit, mit den Fingern der rechten Hand zu essen, vermengt Kleingeschnittenes, Gemüse und Beilagen zu Brei, aus dem er mit großer Geschicklichkeit im Handteller eine Art Kloß formt. Den schiebt er unbesehen und als Ganzes in den Mund. Mit der Zunge sondert er dann schmatzend einzelne Stücke aus, die nicht seinen Zuspruch finden und speit sie zischend wieder aus, auf das Tischtuch neben seinem Teller. Er hat die Angewohnheit, oft und lautstark zu rülpsen. Oder mit einem scharfen, geräuschvollen Einziehen der Luft eine Portion Schleim aus der Nase in den Rachen zu befördern. Die Benutzung eines Taschentuchs ist für ihn so wenig selbstverständlich wie notwendig. Die Unbefangenheit, mit der er die Spielregeln ihrer Welt ignoriert, macht Anna befangen bis zur Lähmung. Kindheitsalte Glaubenssätze zerschellen wie Glas angesichts dieser nie erfahrenen, nie geahnten Intensität, die dem Unbedachten innewohnt.

An einem Abend bringt Jan zum ersten Mal die *tama* an den Tisch, die Sprechtrommel, die er jetzt ständig schlägt, von der Anna nicht glaubt, daß sie ersetzen kann, was verloren ist. Während der gesamten Mahlzeit hält er sie unter dem Arm, um sie zwischen den einzelnen Bissen mit dem Krummstock zu bearbeiten. An diesem Abend kommt Anna der Gedanke, in Zukunft allein zu essen. Sie tut's aber nicht, wird stumm bis ins Hirn neben dem täglichen Dröhnen und Schnarren der Trommel.

Sie verliert den Appetit. Verliert das Interesse, langsam und in kleinen Portionen, wie nebenbei. Registriert die Auflösung dessen, was sie schon nicht mehr benennen kann, als ferne Zuschauerin, wie durch eine unsichtbare Isoliersubstanz von allem getrennt, herausgeschnitten aus dem eigenen Denken und Fühlen. Etwas Taubes, Richtungsloses nimmt ihren Platz ein. Ersetzt sie unbemerkt und störfrei.

Blumen und Gebäck, die Verlagskollegen gratulierten. Annas Geburtstag trieb Gelächter und Späße in ihr stilles Büro, Menschen, die wie selbstverständlich mit ihr scherzten, von deren Lippen mühelos die Worte tanzten, Freundlichkeiten, Liebenswürdigkeiten, Anna wußte nicht wie. Ihr war, als tauche sie aus unbestimmter Tiefe an die Oberfläche.

Es war Sommer geworden, im Handumdrehn, dabei hatte sie nicht einmal den Frühling bemerkt. Sie blinzelte ins Mittagslicht mit entwöhnten Augen. Da draußen! Sonne, Wärme, Gerüche des Lebens. Sie spürte einen leichten Taumel.

Am Nachmittag beschloß sie, Freunde einzuladen. Der Gedanke schnellte ihr durchs Blut, hitzig und verlegen, bis die Finger nach dem Hörer griffen. Sie telefonierte, gründlich bis zur letzten Seite des Adreßbuchs, »ein kleiner Imbiß, heute abend gegen acht?« Nahm sich den Rest des Tages frei, kaufte ein, planlos vor Begeisterung.

Zu Hause sprang sie die Kellertreppe hinunter, Sommerwärme im Gesicht. »Jan! Komm!« – die Stimme wurde ihr dünn. Hemden und Hosen auf dem Boden, der Trommler keuchte und glänzte im Schweiß.

Sie zerrte Jan in die Küche, »der Tisch muß gedeckt werden, unsere Freunde kommen um acht.«

Was er antwortete, klang wie »ach so«, mit diesem abwesenden Gesichtsausdruck, an den sie sich schon gewöhnt hatte. Sie nahm ein Bad. Als sie wieder ins Eßzimmer kam, waren die Einkäufe, ein paar Teller und Gläser auf dem Tisch verteilt.

»Er hat mir geholfen«, murmelte Jan mit einem Blick auf den Trommler.

»Gut«, sagte sie.

Petra und Markus kamen als erste. Was Anna sofort auffiel, war ihr Gesichtsausdruck, überrascht und leicht verzerrt. War es der Geruch, der inzwischen jeden Winkel durchdrungen hatte und sich zeitweilig mit noch strengeren Dünsten mischte, immer wenn Luna in die Plastiktüten des Trommlers pinkelte? Es war lange her, daß sie Gäste hatten. Das Haus war verwahrlost, überall stand und lag etwas herum, Mobiliar und Teppiche waren fleckig und verstaubt. Ungeziefer hatte sich eingenistet.

»Macht's euch bequem«, rief Anna, während ihr der Ton entglitt. Sie ließ sich auf den Küchenstufen nieder. Suchte nach einer Erinnerung an die übliche Konversation für solche Gelegenheiten. Wie lauteten die Regeln? Jan nickte kurz zu den beiden herüber. Er kauerte auf dem Rand des Spülbeckens, die *tama* unterm Arm, der er eintönige, wimmernde Laute entlockte. Vor ihm, auf dem Küchenboden hockte der Trommler und kochte *ataya*, einen sehr starken, süßen Tee, den er in Mengen konsumierte. Irgendwo im Keller hatte er den alten Campingkocher aufgestöbert und ihn in der Mitte der Küche aufgestellt. Eine klebrig-bräunliche Kruste überzog seitdem die hellen Bodenkacheln, auf den ehemals weißen Türen der Küchenschränke zeigte sich eine Sprenkelung im gleichen Farbton.

Markus versuchte, den Trommler *nicht* anzustarren und gleichzeitig einen Stuhl freizulegen, indem er unauffällig einen Stapel Zeitungen sowie einige schmutzige Hemden beiseite schob. Petra rutschte neben Anna auf die Stufen. Mit einer ungeschickten, abrupten Geste drückte sie ihr ein kleines Päckchen mit fliederfarbener Schleife in die Hand.

Es klingelte und Anna lief zur Tür, um die nächsten Gäste zu begrüßen. Sie waren zu zehnt an diesem Abend. Freunde am Tisch, nach einer halben Ewigkeit! Anna versuchte angestrengt bei der Sache zu bleiben, sich auf die Normalität des Augenblicks zu konzentrieren. Sie glühte. Hinter ihrer Stirn sengte das immergleiche Bild, Jan, vornübergebeugt auf den Knien, preisgegeben in greller Lächerlichkeit.

Eine Unterhaltung kam nicht in Gang, sie saßen unbestimmt in bleierner Runde. Anna stopfte sich Häppchen und Salate in den Mund, stetig, als könne sie ihn verschließen, das Unsägliche für immer ungesagt machen. Daß die anderen das Essen kaum anrührten, störte sie nicht, bemerkte es kaum. Flammen schlugen gegen den unsichtbaren Panzer, der sie umschloß.

Plötzlich fing Gabi zu schreien an. Gabi, Annas Freundin aus Kindertagen! Ihr Kreischen durchschnitt den vagen Schein, überrascht hob Anna den Blick in ihre Richtung. Versuchte die Worte und halb verschluckten Sätze zu ordnen, die auf sie einstürzten. Ob sie verrückt geworden sei, was der Schwarze hier zu suchen habe, das Haus ein stinkender Dreckstall, Jan und sie nicht wiederzuerkennen.

»Ein Irrenhaus«, jaulte Gabi, und ihre Stimme kippte in hysterische Höhen.

Der Trommler zerschlug ein Teeglas auf den Bodenfliesen. Dann war es sehr still: Die *tama* baumelte reglos von Jans Hals, alle glotzten auf den Tisch, wo sich einige Fliegen im Salat niedergelassen hatten. Anna spürte eine brennende Spannung auf der Haut und das Bedür/fnis, sich ausgiebig zu kratzen. In diesem Moment sprang Gabi auf, stieß den Stuhl nach hinten und schnappte nach ihrer Tasche. Rannte zur Tür und stolperte über eine Plastiktüte. Als Anna sie einholte, sah sie, daß sie weinte.

Ein neuer, wilder Anfall von Juckreiz überfiel Annas Körper. Wie blind und ohne Gedanken stürzte sie in den Keller und durchbohrte die Djembé mit der Gartenschere.

»Sie sind alle weg«, sagte Jan, als sie zurück in die Küche kam, »haben sich schon verabschiedet.«

Jan erhielt keine Aufträge mehr. Er arbeitete nicht mehr, wie lange schon, wußte Anna nicht zu sagen. Kein Geld auf dem Konto, offene Rechnungen, Mahnungen – bis sie ihn schließlich ins Gesicht fragte.

»Ja«, sagte er, »keine Aufträge.«

Er hatte es nie erwähnt, weder den Zeitpunkt noch die Tatsache. Hatte sich längst davongemacht, war ausgetreten aus einer Welt der Zuständigkeiten und Verantwortung.

In seinem Zimmer hingen ein paar unfertige Entwürfe und Skizzen, nichts, was ihm ähnelte, seinem Stil, seinem Ausdruck. Anna hätte nicht einmal behaupten können, daß sie von ihm stammten. Sein Zeichentisch war leergeräumt, kein Papier, keine Stifte oder Farben. Auf dem Boden lagen Amulette und kleine Holzfiguren, kreisförmig angeordnet. Überall standen benutzte Teegläser.

Anna fiel auf, daß er kaum noch schlief. Bis in die Nacht hörte sie die Trommel, monoton, hypnotisch. Beim Aufwachen hörte sie sie wieder. Oder noch immer? Ihr fiel auf, daß er kaum noch aß. Eingefallen und hohläugig schlurfte er durchs Haus wie ein alter Mann. Seine Bewegungen erinnerten sie an etwas, das sie nicht fassen konnte. Es waren nicht *seine* Bewegungen, sie hingen an ihm, schief und aufgestülpt wie fremde Kleidung. Ihr fiel auf, daß sie ihn kaum noch kannte. Auch der Trommler hatte sich verändert in diesem Jahr. Kräftig war er geworden, wirkte gesund und zufrieden. Von Zeit zu Zeit verschwand er für eine Nacht. Wenn er zurückkam, lag ein Lächeln auf seinem Gesicht. Jedesmal nahm er etwas mit auf seine Ausflüge: Hausrat, Kleidung, Bilder, Wäsche – was ihm gerade in die Finger kam. Anna hatte nicht den Eindruck, daß er systematisch vorging bei der Auswahl der Gegenstände. Schränke und Zimmer waren schon halbleer, als planten sie eine Reise ohne Wiederkehr.

Anna hat aufgegeben. Hat den Rückzug angetreten, die Flucht aus Gomorrha. Sie will sich nicht umsehen. Verschanzt in ihrem Zimmer, schläft, ißt und lebt sie hinter geschlossener Tür. Umstellt von Bildern, die sich nicht löschen lassen mit dem Licht. Wie eine Nomadin hortet sie ihre täglichen Notwendigkeiten um sich: Wasserkrug und Lebensmittel, Waschzeug, Bücher, Stifte, Papier.

Das Telefon ist gesperrt, seit langem. Sie hat begonnen, Selbstgespräche zu führen. Oder reißt ihren alten Kalender in Schnipsel, auf die sie Sätze und Worte kritzelt. Und Namen. Jan, Luna…

Luna ist tot. Lag eines Tages mit verdrehten Gliedern auf dem

Küchenboden. Neben dem Campingkocher. Seitdem gibt es keinen Campingkocher mehr. Anna schleuderte ihn in hohem Bogen gegen die Deckenlampe, daß sie knirschend zerbarst. Der Campingkocher zerbarst zwei Meter später an der Betonwand. Seitdem gibt es kein Licht mehr in der Küche. Seitdem kocht sie nicht mehr. Sie wäscht, bügelt, näht nicht mehr. Ihr Äußeres hat sich verändert.

Die Selbstgespräche nehmen sie sehr in Anspruch. Sie hat Schwierigkeiten, sich auf etwas anderes zu konzentrieren. Sie hat Schwierigkeiten, Menschen zu begegnen. Seitdem geht sie nicht mehr in den Verlag.

Es ist wieder Sommer, und manchmal sieht sie Jan mit der *tama* im Garten sitzen. Durchs Fenster. Sie geht nur noch selten aus dem Zimmer.

Das Foto steht auf meinem Schreibtisch, an die Leselampe gelehnt. Weiß und makellos leuchten seine Zähne aus dem Nichts.

Der Trommler hat uns verlassen.

Vor einer Woche, am hellen Tag.

Michaela Seul

# Eine alltägliche Geschichte

Bis bald, sagte er zu der Frau, die er liebte, und stieg in sein Auto, um über zwei Landesgrenzen zu seinem Kind zu fahren, das bei der Frau lebte, die er einmal geliebt hatte. Meistens regnete es, wenn er losfuhr, immer nachts.

Die ersten beiden Stunden vergingen rasch. Er gewöhnte sich an die Geräusche des Wagens, richtete es sich bequem ein, und seine Gedanken schweiften in angenehmer Ziellosigkeit durch die Zeiten.

Niemals hatte er es für möglich gehalten, sein Kind zu verlassen, und noch weniger: es zu verlieren, doch er hatte es verloren, wie ein wassergefülltes Gefäß mit einem Leck war es weniger geworden, bis er nur noch das Gefäß trug.

Er war kein Sonntagspapa gewesen – obwohl er keine Kinder wollte und am Anfang mit der lebenslänglichen Versklavung, die ein Kind bedeutete, gehadert hatte. Dann hatte sich diese Bedrohung in Freude verwandelt. Ich werde Vater, hatte er aufgeregt verkündet. Er liebte die schwangere Frau sehr und nannte das Kind Frucht ihrer Liebe, so pathetisch drückte er sich aus, daß die Frau lachte.

Im Kreissaal hielt er sie im Arm, massierte ihren Rücken, und dann geschah dieses Wunder, lag das verschmierte Lebewesen mit dem viel zu großen Kopf auf dem Bauch seiner Frau, und die Hebamme forderte ihn auf, die Nabelschnur zu durchtrennen. Er war Vater! Wäre nicht der Kopf gewesen, hätte er glücklich sein können, doch dieser Monsterschädel machte ihm Angst. Die Frau bemerkte seinen Blick. Das ist normal, beruhigte sie ihn, alle Babies sehen so aus. Es berührte ihn tief, daß sie ihn so gut kannte.

Es kam, wie es kommen mußte: Die neue Wohnung, Kinderkrankheiten, Windeln und an Weihnachten ein geschmückter

Baum. Sein Kind wurde zum Wichtigsten und Liebsten auf der Welt. Jede freie Minute verbrachte er mit dem blonden Mädchen mit den blauen Augen und dem Lachmund, vergaß die Frau über dem Kind und suchte Zuflucht bei dem Kind, wenn er Streit hatte mit der Frau. Er war einer jener Väter, nach dem sich Frauen neugierig und neidisch umdrehen auf der Straße. Ein Vater, wie ihn sich jedes Kind wünscht, wie er selbst nie einen gehabt hatte. Das Kind war der große Gewinn seines Lebens. Die Frau verlor er mehr und mehr. Sie verlor auch ihn. Einmal haben wir uns geliebt, sagten sie und schauten sich ratlos an. Nächtelange Gespräche, die sich im Kreis drehten, und gute Vorsätze, die schon am nächsten Morgen vergessen waren.

Er schlief auf der Couch im Wohnzimmer. Morgens weckte ihn der warme Körper des Mädchens, das zu ihm ins Bett kroch, und er wußte, warum er nicht einfach verschwand, wie sein Vater verschwunden war.

Die Frau, die er geliebt hatte, liebte das Kind, wie er es liebte. Aber zwischen ihnen gab es keine Liebe mehr. Der erste Riß in der Liebe zu der Frau zu ihm geschah, als er sich bei der Mitteilung ihrer Schwangerschaft nicht verhalten hatte, wie sich vorbildliche Väter im Fernsehen verhalten. Er hatte sich strafbar gemacht, sie nicht jubelnd durch die Wohnung zu wirbeln, um sie gleich darauf besorgt auf ein Sofa zu betten; hatte sich erschrokken setzen müssen, weil sein Herz so heftig klopfte. Das hatte sie ihm niemals vergessen, niemals verziehen, und all seine Freude und Liebe für das Kind konnten dieses Erschrockensein und Hinsetzen nicht auslöschen. Die Frau träumte in rosarot und babyblau, und als sie später zugeben mußte, er habe recht gehabt, ein Kind verändere das Leben, vergab sie ihm trotzdem nicht sein Zögern.

Die Ausschließlichkeit, mit der sie ihre Mutterschaft zelebrierte, schreckte ihn ab. Seine intelligente Gesprächspartnerin mit dem geistreichen Wortschatz verkam zur fürsorglichen Mutterkuh. Er lebte nicht mehr mit einer Frau, lebte mit einer Mutter. Viel zu spät begriff er, daß sie ihrer Weiblichkeit unsicher war und den fleckigen Morgenmantel der Mutterschaft darüber breitete. Wenn sie in der Tür stand und sagte: Ich gehe jetzt ins

Bett, wenn du mit mir schlafen willst, mußt du bald kommen, übersetzte er nicht: dies war kein Angriff auf seine primitive Triebhaftigkeit, sondern ein Hilferuf, hörte nur Feindschaft und sah seine eigene Mutter, die seinen Vater verflucht hatte, der immer nur das eine wollte und nicht achtete die Heiligkeit der Mutterschaft.

Er hatte gedacht, es könnte nicht schlimmer werden, aber es war immer schlimmer geworden, die Stimmung in der Wohnung hatte sich wie eine Schlinge um seinen Hals gezogen. Das kleine Mädchen war seine einzige Freude. Wenn er nicht mit seinem Kind spielte, reparierte er Spielzeug – nicht nur für sein Mädchen – auch für Freunde und Freundinnen. Er war der beliebteste Papa im Haus, denn er arbeitete nachts, und wenn er müde von der Arbeit kam, schlief sein Mädchen.

Immer enger die Schlinge um seinen Hals. So alt war er doch noch nicht, daß sein Leben wegschmelzen sollte in der Bedrükkung dieser Wohnung. Tägliche Ausweglosigkeit, grausame, verwüstende Worte – zwei Feinde und ein Kind.

Bis er die Frau kennenlernte, die er jetzt liebte. Ein dummer Zufall war das gewesen, andere würden Schicksal sagen, er war vorsichtig geworden. Plötzlich wurde er begehrt, alles war so leicht, er lachte wieder, und das Leben schien in einen Farbtopf getunkt. Wie ein großes Wunder kam ihm diese Frau vor; er hatte vergessen, daß es Liebe geben kann zwischen Mann und Frau. Als er der neuen Frau von seiner Frau und dem Mädchen erzählte, hatte er große Angst, sie zu verlieren, und es war ein fürchterlicher Schmerz in ihm, doch er mußte es sagen, auch, daß er sich niemals trennen würde, denn er liebte sein Kind über alles. Er spürte, seine einzige Chance, das Kind nicht zu verlieren, sei die Flucht vor der Frau, die seine Wunden koste, deren Zärtlichkeit ihn erkennen ließ, er hatte in einem Verlies gelebt.

Ich habe mich verliebt, sagte er zu der Frau, die er nicht mehr liebte. Sie zückte ihre Trumpfkarte, das kleine Mädchen. Er blieb nicht mehr in der Wohnung. Verbrachte die Nächte bei der neuen Frau, stand jeden Morgen am Bett des Kindes, das den Vater nicht mehr suchte auf der Couch im Wohnzimmer.

Als die Frau, die er nicht mehr liebte, merkte, es war ihm ernst, versuchte sie all das, das er sich so sehr gewünscht hatte, als es noch nicht zu spät gewesen wäre. Er war der neuen Frau treu, veruntreute: das Kind. Es begann die Zeit der Abrechnung. Überall Fronten und immer in der Mitte: das kleine Mädchen.

Bis die Frau mit seinem Kind fortzog. Nicht einfach in ein anderes Stadtviertel. In ein anderes Land. Zu weit weg, um übers Wochenende dorthin zu fahren. Es blieb wenig für das Mädchen. Denn die Frau, die er liebte, wollte ihn, wollte nicht: sein Kind.

Manchmal stand er nachts auf, setzte sich in dem leeren Kinderzimmer auf den Boden und träumte davon, sein Kind zu kidnappen. In diesen Nächten war er einsam, denn das alles konnte er nicht erzählen der Frau, die er liebte, die sich schuldig fühlte an seiner Verzweiflung. Er konnte es auch nicht erzählen der Frau, die er einmal geliebt hatte, da sie ihm noch immer nachtrug den Verrat, und nicht dem Mädchen, das zu klein war zu verstehen. Es wäre nicht zu klein gewesen, Fragen zu stellen. Aber es fragte nie. Fragte nur: Warum wird es abends dunkel. Fragte nicht: Papa, warum bist du nicht mehr bei uns. Es bereitete ihm große Sorgen, daß sein Mädchen viel zu groß war. Versuchte er zu erklären, hörte es nicht zu. Schlief ein oder sagte: Papa, spiel mit mir.

Er gewöhnte sich an den Verlust. Vergaß, zu Ostern ein Päckchen zu schicken. Rief selten an. Wußte nicht, ob er sich den Schmerz ersparen wollte, die Stimme seines Kindes von weit weg zu hören, oder es einfach vergaß. Und dann, er hatte das Mädchen lange Zeit nicht gesehen, fuhren sie zusammen in den Urlaub. Zwei Tage dauerte es, bis die Fremdheit zwischen ihnen verschwand, und auch danach war es nicht mehr, wie es früher gewesen war. Er hatte die Verbindung verloren. Sein Kind erzählte von Spielkameraden, die er nicht kannte, erzählte Geschichten aus einem Kindergarten, den er nie gesehen hatte. Er war nicht mehr Teil des Alltags, den er nie gesehen hatte. Er war nicht mehr Teil des Alltags seines Kindes. Die schrecklichste Erkenntnis war jedoch, nicht mehr jene Geduld aufzubringen, die ihn früher ausgezeichnet hatte. Als das Mädchen noch zu seinem Alltag gehörte, hatte es ihm nichts ausgemacht, hinter seinem Kind herzuräumen und all die tausend Kleinigkeiten zu tun, bei denen ein Kind Hilfe braucht.

Als er das kleine Mädchen zu seiner Mutter brachte, spürte er eine Erleichterung, die ihn erschreckte. Dann sah er sein Mädchen viele Wochen nicht. Dachte selten daran, daß er Papa war. Und wußte nicht, ob er das Kind weniger lieb hatte als früher, ob er es überhaupt noch lieb hatte, oder nur sagte, er habe es lieb, weil es sich so gehörte; wußte nicht, ob er Geschenke mitbrachte, weil ihn danach drängte, oder weil es erwartet wurde, wußte nicht, ob er das kleine Mädchen besuchte, weil er Sehnsucht hatte oder weil er der Vater war.

Es hatte aufgehört zu regnen. Er kurbelte das Fenster herunter. Die Luft im Land seines Kindes war lauer als zu Hause. Mild die Nacht. Als ihn nur noch eine Fahrstunde von seinem Mädchen trennte, rastete er auf einem Parkplatz. Während er das Proviantpaket der Frau die er liebte, auspackte, dachte er an die bevorstehende Begegnung und spürte seine Angst, sein Kind habe ihn verloren, wie er es verloren hatte und die Hoffnung: Diesmal vielleicht stellte sein Mädchen die wichtigen Fragen und schlief nicht ein und wollte nicht spielen, wenn er die nicht gestellten Fragen beantwortete. Er wußte nicht, wann es soweit sein würde, aber davor, wußte er, hatte er keine Angst.

Die Frau, die er einmal geliebt hatte, öffnete die Tür, begrüßte ihn kurz und legte sich wieder ins Bett. Leise ging er in das Zimmer des Kindes. Es sah genauso aus, wie das Zimmer in seiner Wohnung einmal ausgesehen hatte, das jetzt zu einer Rumpelkammer verkommen war. Vorsichtig setzte er sich neben das Bett, das er mit Schnitzereien verziert hatte, als die Frau, die er damals geliebt hatte, im Krankenhaus lag und nervös auf das Kind wartete, das sich Zeit ließ. Zärtlich gestimmt sah er dem Mädchen beim Schlafen zu, zupfte an der Decke, immer schauten die Füße raus, und immer festgehalten von der kleinen Hand: der Schnuller. Den wollte es nicht hergeben, obwohl es schon viel zu alt dafür war. Im letzten Jahr hatte es beschlossen, den Schnuller am Geburtstag in den Fluß zu werfen und es dann doch nicht getan.

Plötzlich regte sich das Kind. Es war noch viel zu früh aufzuwachen.

Papa, fragte das kleine Mädchen und es war eine Gewißheit in seiner Stimme.

Ja, sagte er, und das kleine Mädchen öffnete die Augen.

Lieselotte Degenhardt

# Hans komm!

Es gibt Tage, die riechen, wie Lotte.

Sie schmecken nach »Dicker Milch mit Pflaumenmus« oder »Grünem Wackelpeter mit Vanillesoße«, den wir an heißen Sommertagen, auf der Schwelle vor dem Haus, mit runden Mäulern schlecken. Momente, die über mich kommen wie ein heftiger Schneesturm oder heiterer Sommerwind. Ich atme ihren Duft ganz tief ein, Lotte kann mich mitnehmen, wohin sie mag.

Es können irgendwelche Augenblicke sein, in denen Heckenrosen aufblühen, der Wind im Hof bunte Blätter zusammenfegt, Drachen über Stoppelfelder steigen läßt, Knallbeeren unter meinen Sohlen zerspringen, Onkel Albert mit dem Jauchewagen aufs Land fährt, dabei tröpfchenweise das ganze Dorf parfümiert, wenn die Sonne aufgeht, untergeht. Es kann auch eine Lerche über einem Kornfeld sein, der Hahn auf dem Mist, Kraniche auf der Rückreise ins Winterquartier, nur ein kurzer Flügelschlag füllt dann den ganzen Tag aus.

Die Kaninchen mit ihrem monotonen Auf- und Abnasen, sehen durch die Quadrate des Käfiggitters zu mir herein. Die Welt im Holzschuppen ist ein eigenes kleines Reich, gehört nur wenigen: fünf Hasen und mir, manchmal auch Vater. Als die Welt draußen noch eine andere Ordnung hatte, brachte er mir bei, wie man Drachen baut, Fahrräder repariert, Werkzeug pflegt, Gartengeräte einfettet. Ich kenne mich mit Handwerksgeräten gut aus, fühle mich wohl, wenn die Spaten, Hacken und Sägen, alle fein säuberlich an der Wand, im Winter aufs Frühjahr warten. Ich spreche mit den Hasen, sie antworten mit meinem Mund.

Vater sagt: »Du hast auch gar nichts von Franz!«

»Franz holt keinen Löwenzahn, keine Muhsdisteln, macht die Käfige nicht sauber, wir brauchen ihn nicht!«

Er kann so gut mit Wörtern, Zahlen und Formeln umgehen,

ich beneide ihn. Ich fasse ein langes Ohrenpaar und setze den dazugehörenden Hasen als Muff auf meinen Arm, unsere Pulsschläge veranstalten Wettrennen, der Hase läuft mir davon, lebt schneller als ich. Ich rücke den Schemel zurecht, er fühlt sich gut an, rund und glatt, habe ihn selbst gedrechselt.

»Du würdest einen guten Schreiner abgeben«, lobt Onkel Gustav.

In seiner Tischlerei treibe ich mich viel herum, Vater will davon nichts wissen, schickt mich auf die Oberschule. Franz ist Oberzahlmeister der sechsten Armee, wenn er Heimaturlaub hat, bekocht Mutter ihn mit seinem Leibgericht, beim Anblick der Pfötchen in der Graupensuppe bekomme ich Bauchschmerzen, lege mich ins Bett. Vater redet lange, bis in die Nacht hinein, hin und wieder ein »Oh« oder »Ah«, sie gelten Franz, seine Seufzer mir, ich höre sie ganz deutlich unter den zusammengezogenen Zipfeln meiner Bettdecke.

Das Gute am Holz ist, es lebt, und trotzdem blutet es nicht, wenn ich es mit dem Hobel oder der Säge bearbeite. Ich werde für Mutter ein Regal zimmern, die Töpfe und Kannen können dann in einer Reihe nebeneinander stehen, das sieht ordentlich aus. Mutter hat es gern sauber und aufgeräumt, sie fegt jeden Tag nach der Hausarbeit den Steinboden in der Küche und die Schwelle vor der Tür. Sie ist ständig hinter mir her, weil ich ein Tagträumer bin und weil ich die viele Arbeit nicht sehe, die überall lauert.

»Wenn du nur Franz wärst, aber du hast auch nicht ein bißchen von ihm, was soll bloß noch werden?«

Die Kaninchen mümmeln gleichgültig, glücklich und traurig zugleich. Ich spreize Daumen und Zeigefinger, gerade Platz genug für ein Blatt Papier, nicht so viel habe ich von ihm, zeige es meinen Freunden, und weil sie nicht schreien wollen, muß ich es tun: »Weg von meinen Hasen, raus aus meinem Stall, laßt mich endlich gehen!« Deshalb ist es auch gut, daß Vater nicht da ist und Franz auch nicht – und wenn es wieder ruhig wird, öffne ich die Fensterluke, lasse Strahlen von dem Licht herein, das an den Blättern der Bäume vorbeifällt, und weil sich gerade dieses Licht in der zersprungenen Glasscheibe bricht, aus den grauen Holzbrettern und dem lehmigen Boden eine Kapelle macht, schäme ich mich für meine Gedanken. Wenn es keinen Franz gäbe, wären es Willi oder Günter, aber Franz und Vater sollen schnell wieder nach Hause kommen, nicht nur für mich, besonders für Mutter. Ich höre ihre nächtlichen Murmelgebete, gestärktem, weißen Leinentuch anvertraut, spüre ihre Tränen auf meinen Wangen und weiß dabei, daß ein Mann nicht weinen darf, nie, und in dieser Zeit schon gar nicht. Es tut gut, wenn sie sagt: »Komm mein großer Junge, bald wird alles vorbei sein«, und der Feldpostbrief von Vater meint etwas anderes, seine lieben Worte sind schiefe Buchstaben. Mutter soll wieder so sein wie früher, und wenn ich mir Mühe gebe, kann aus mir doch noch etwas Ordentliches werden. Ich setze den Hasen zurück in seinen Käfig, schließe ihn ein.

Vor der Stalltür, in der Straße, herrscht plötzlich eine nestelnde Unruhe, wollte mich gerade aufmachen, um Futter für die Hasen zu holen, halte schon die Sichel in der Hand, Mutter in der Tür, ihren grauen Haarknoten hastig mit einer Nadel feststeckend, wandernde blaue Dreiecksaugen, das Geschehen der letzten Nacht noch fassungslos zwischen den müden Wimpern: Es ist etwas Schreckliches passiert, du mußt Lotte holen, so als wenn sie sagen wollte, ein Gewitter zieht auf, beeil dich, du mußt das Heu noch schnell einfahren, und wo andere Männerhände, die Verantwortung hatten, nun fehlen, wird sie mir übergeben, und über dem ganzen Dorf ein Hauch von Äther schwebt, es wie benommen daliegt.

Jetzt hat auch mich die Unruhe erreicht, beginne zu kramen, zu suchen, finde meine Schnürstiefel nicht, Turnschuhe sind jetzt unpassend, tausche auch die schwarze Turnhose ein, aber nicht der Farbe wegen, mein kariertes Hemd gegen eins in Khaki mit Achselklappen, zähle die Knöpfe, alle noch dran, bespucke die Schuhe mit trockenem Speichel, zu wenig Glanz, ziehe die Schnürsenkel auf gleiche Länge, bevor ich sie binde mit Doppelknoten, wasche mir noch einmal die Hände, ziehe den Scheitel gerade. Keine Grimassen aus dem Spiegel, sehe lange hinein und viel älter aus als vorher – bin doch erst sechzehn. Kann mich nicht freikaufen von meiner Aufgabe, die ich gerade übernommen habe, wortlos.

Der Ochse ist schon angespannt, hinter ihm der kleine Ackerwagen mit Stroh beladen, ordne mich rechts neben dem Tier ein, nehme das Seil: »Hans komm!« – Er guckt unschlüssig, setzt sich in Bewegung, braun mit weißer Blesse, die Brust einmal rechts, dann links nach vorn schiebend, hört sonst nur auf Lotte, ab heute auf mich. Der Wagen in quietschendem Singsang hinter uns her, macht sich schwerer, als er ist. Die Schatten hinter den Butzenscheiben bereiten sich auf den Kirchgang vor, es ist Sonntag. Vorbei an bunten Bauerngärten, Ringelblumen, Bartnelken, wildes Treiben, gebändigt hinter grün oder weiß bemalten Staketzäunen. Sonnenblumen, die, hier und da, einen Blick über den Zaun werfen dürfen, gezähmte Kapuzinerkresse, deren kriechende Girlanden ihre Schirmchen in die Höhe heben, neugierig auf die Ecken hinter dem Haus. Vorbei an Kastanien, die im Frühjahr, wie Weihnachtsbäume geputzt, mit fingrigen Blättern die Kerzenblüten halten, später sammeln wir die Früchte, sie haben die Farbe meiner Haare und Lottes. An der Kreuzung halten wir nicht, setzen stetig unseren Weg fort. Der Ackerwagen rüttelt auf dem Kopfsteinpflaster, wir werden Stroh verlieren, spielen Schnitzeljagd. Es folgt uns niemand.

Meine Füße schmerzen jetzt schon, ich wußte es doch gleich. An Ahlborns, Eckermanns, Behrends vorbei, wir drehen uns nicht um, versinken endlich, schon, im nahen Wald. Mein Körper zerfließt, will sich auflösen, die Augen bleiben trocken wie die ausgemergelte, staubige Spur, die sich die Eichenräder ausgesucht haben, die der Weg nicht so schnell hergibt. Mein Adamsapfel will herausspringen, drücke ihn krampfhaft nach unten. Tauchen wieder aus der kühlen Waldluft auf, ganze Felder in Reih und Glied angetreten, aufgeheitert durch das grelle Leben von Klatschmohn und Kornblumen, aber auch braven Margeriten. Kein Tag im Sommer, an dem wir nicht einen Strauß für Mutter mit nach Hause gebracht haben. Doch Wildblumen brauchen das Spiel mit Sonne, Regen und Wind, danken das Umbetten in einen engen Vasenhals mit krausen Blättern und faulem Wasser.

Der Ochse fängt an zu schnauben, zieht wie albern, ahne was kommen wird, löse ihn gerade noch rechtzeitig von der Deichsel, schon kniet er im Klee, kopfüber schmatzend. Ein riesiges, süßes

Feld, bis er satt sein wird, ist auch der Tag um, soll er ihn doch auffressen, den Klee und auch diesen Tag!

Lasse den Wagen stehen, sehe zum Hügel hinauf, Lotte winkt im lindgrünen Festtagskleid, versinke zwischen den Wiesenblumen, schiebe den Arm unter meinen Kopf, verfolge die, wie mit einer ungeduldigen, stumpfen Schere geschnittenen Wolken, segeln gen Osten, höre Hans behaglich rupfen. Eine Herde von Wolläusen hat sich auf Brennesselblättern eingenistet, ihr biologisches Amt verrichtend, Blatt für Blatt, Stengel für Stengel. Verzauberte Schafe, die von ihren Wiesen vertrieben worden sind. Zwischen den Gräsern blähen sich die Spitzendecken der Spinnen, filigrane Fangnetze, Glasperlen aus Tautropfen, kunstvoll eingearbeitet. Die Fallschirme der Pusteblumen gleiten an mir vorbei, möchte am liebsten aufspringen, mitfliegen.

Doch dieser fiebrige Sommer läßt es nicht zu, es kommen viele nicht zurück. Franz bleibt in Stalingrad, wird für seine Klugheit bestraft, auch ich muß mich bereithalten, die meisten meines Jahrgangs sind schon weg, bekomme eine schwere Nierenentzündung, werde zurückgestellt, Mutter bezahlt mit Mettwürsten den Arzt und alle anderen, Geld braucht jetzt niemand, hilft nicht weiter.

Das Getreide wiegt sich unruhig auf den Halmen, die Felder riechen schon nach frisch gebackenem Brot. Lotte singt neben mir, wir albern und lachen, zeigen uns die Narben am Ellenbogen und Knien, wie Orden aufgereiht. Ich habe mehr aufzuweisen, weil sie geschickter mit ihren braunen Armen und Beinen umgehen kann. Später erzählt sie von ihrer großen Liebe, ich von meiner, wir zeigen uns die Bilder, auf meinem Käte, in geflochtenem Blond, das sie, mir zuliebe, oft löst, bei Lotte ein hübscher Bengel mit aufsässigen Augen, die alles in Frage stellen, eingetauschtes Pfand aus Polen. Sie versorgt ihn heimlich mit Essensresten, pflegt seine Lumpen, gibt ihm etwas Menschliches zurück. Nur ich weiß von dem getarnten Glück.

Blicke kurz auf, Hans steht wieder oben am Weg, widerkäuend vor dem Ackerwagen, hänge ihn an der Deichsel ein, trotten bergan. Vor uns Lotte in der Spur, ich hinter dem Pflug, in der Erntezeit auf dem Binder, Hans folgt ihr ohne Seil, ihrer schmalen Gestalt, ihrem Geruch folgend, wenn sie stehenbleibt, genüßlich ihren Nacken leckend, mit großen, weiten Augen. – Ihr gehen wir jetzt nach, sie winkt immer noch in flatterndem Lindgrün, den schrägen Feldweg hinauf, jetzt können sie uns auch wieder vom Dorf aus sehen. Etwas erhöht, wie auf einem Podest, steht die Buche, rudert hilflos mit den Armen, als suchte sie ihr Gleichgewicht. Auf dieser Bühne waren wir Vater und Mutter, Hänsel und Gretel oder einfach nur Kinder aus unserem Dorf.

Jetzt hängt das dumme Mädchen hier zwischen den Zweigen, pendelt wie eine Marionette hin und her, der Wind streift teilnahmslos die kastanienbraunen Haare, die schlaffen Glieder; ihr freiwilliger Kampf mit dem Strick gegen das Leben hat sie entstellt. Ich klettere den kleinen Hügel hinauf, mir wird ein wenig schwindelig, die gelben Tupfen auf dem zartgrünen Musselinstoff flimmern vor meinen Augen, der weiße Spitzenkragen noch vom Tanzen verschwitzt, – schaue lieber auf die Schuhe mit den Schnallen, das Moos an ihnen ist noch feucht; und weil immer einer die Verantwortung tragen muß, sind sie es, ich hasse auf einmal den falsch glänzenden Lack. Gestern drehten diese Sohlen Lotte scheinheilig auf den Holzdielen im Takt, in der Dunkelheit taten sie den winzigen Schritt, machten aus ihr ein Windspiel.

Hinter Hügeln verschämte Dorfidylle, weißgekalktes Fachwerk, notdürftig mit Lehm verschmiert. Rote Tonziegel, grüne Fensterläden lugen wie Spitzbuben hervor, die sich in Sicherheit wiegen. Der Kirchturm tonlos, seine heisere Glocke eingeschmolzen. Ich ducke mich unter Lottes schwarzen Glotzaugen und der gequollenen Zunge, fasse den Holzgriff des blinkenden, aufgehenden Mondes zwischen dem Stroh. Das Seil ist dünn, wie das Halfter von Hans, nur stärker gedreht. Sie fällt dumpf auf den Wagen, vergräbt das Gesicht zwischen den Halmen, die Goldkette am Hals eingetauscht gegen ein Band aus tiefem Blau.

Wir können es nicht fassen, ich kann sie nicht anfassen, ich schrei so laut, daß mich keiner hören kann, bin erleichtert, es ist nicht unsere Lotte, nicht meine, und nicht die von Hans! Der Ochse steht regungslos, lasse ihm Zeit, seine aufgerissenen Augen von einem feinen roten Netz durchzogen, als hätte es gerade eine Spinne gehäkelt. Hans komm! – Der Heimweg ist ein anderer, weil unsere Hoffnung nun auf dem Wagen liegt. Ein zäher, klebriger Brei zieht sich bis zum Dorf. Ich stolpere neben ihm her, erzähle ihm von meiner Traurigkeit, weiß ich doch, daß es auch seine ist, erzähle von meiner Angst, die lange vor der Wut da war, ich meine die Angst, aus der die Alten nur geduckt herausfinden, die mich aber wachsen läßt, so hoch, daß alle Türen in unserem Haus zu niedrig sind. Oma Anna wurde in der guten Stube aufgebahrt, hinter angelehnten Fensterläden und wehenden Gardinen, eingebettet in ihrem Bauerngarten, den sie umsorgte, der für sie ins Zimmer geholt wurde, für sie ganz allein blühte, zum Nachmittagskaffee gab es Zuckerkuchen mit Pfützchen.

Heute riecht es nach Heu, Hans wird es morgen mit mir das erste Mal ohne Lotte einfahren. – Die quietschenden Holzräder holpern durch die schmale Öffnung des Scheunentores, haben die Tochter meines Onkels nach Hause geholt. Paperlapapp von schnatternden Enten, gurrenden Tauben, aufgescheuchten Hühnern. Lasse Hans stehen, dessen Blesse um eine Nuance dunkler geworden ist, meine Hand auf seinem warmen Fell, es ist der Moment, wo die glanzlosen Augen einen Halt suchen, die Haut sich einläßt auf Berührungen, die tiefer gehen. Flüchte vor dem lauten Gezeter, das gleich wie ein Gewitter niedergehen wird, würde doch am liebsten mitschreien, höre etwas von Schande, weiß nicht welche, die vorher oder die nachher, es ist die Schande, die eben immer nur Mädchen trifft.

Mutter drückt ihren Jungen, einen Köpf größer als sie, schimpft mit den eintreffenden Männern, warum sie mich haben allein gehen lassen, doch wie sollten sie helfen, die Alten, Beinamputierten, die schon dort waren, was einmal hinter uns liegen wird? Sie läßt mich los, den Geruch des Sonntagsbratens und meines Lieblingspuddings in den Rüschen ihrer Schürze.

Stehe wieder im Stall bei den Hasen, fressen immer noch am grünen Klee, öffne fünf Käfigtüren, greife mir den dicksten Karnickelbock, mit einer Hand ihn schüttelnd, mit der anderen meine Rotznase abwischend: Gibt's was Schlimmeres als den

Krieg, da muß noch etwas Grausameres sein? In ihrer mümmelnden Ahnungslosigkeit hoppeln sie um mich herum, sind zufrieden mit dem Holzstall, dem Garten und mir, sehe die Sichel am Haken, lasse sie hängen, befreie meine Füße von den brennenden Stiefeln, gehe barfuß in die Wiese hinein, verschwinde in ihr, die Hasen hinter mir her, rupfe den Löwenzahn mit bloßen Händen, puste und schicke kleine Fallschirme auf den Weg – für Vater.

## Roland Koch

# Die Abreibung

Es war viel zu früh, als ich mich auf den Weg ins Krankenhaus machte, später habe ich gerade das bereut. Es war der zwanzigste Juni, ein Sonntag und Sommeranfang, ein heller, aber kühler Nachmittag, die Luft roch nach Harz, schon am Morgen hatte ich mich nicht ganz wohl gefühlt, ich war unruhig gewesen und hatte vor Ungeduld gefröstelt. Das bunte Viskosehemd, das ich angezogen hatte, war zu dünn, und ich fror jetzt auch auf dem Fahrrad. Ich spürte nach den ersten hundert Metern, daß ich keinen Rückenwind hatte, es war, als führe ich mit angezogenen Bremsen, aber ich schaffte es nicht mehr, umzukehren und vielleicht noch eine Stunde zu Hause zu warten, um einen zweiten Versuch zu machen. Der Bahnhofsvorplatz war voller Touristen, und ich suchte lange nach einer sicheren Stelle, um mein Fahrrad abzustellen. Im Blumenladen war eine lange Schlange, es war eiskalt und ich fror noch mehr. Zwei Aushilfen bedienten, die sich nicht aus der Ruhe bringen ließen, obwohl ich Zeit hatte, war ich wieder nervös. Ein Paar hatte sich vorgedrängt, ich sagte nichts, sie stritten sich bald mit einem anderen Paar, wer zuerst an der Reihe sei. Es wurden viele Rosen gekauft, ich suchte eine besonders lange rote aus, die ich in Längsrichtung auf meinem Gepäckträger befestigte, ich mußte sie trotzdem beim Fahren mit einer Hand festhalten, was nicht ganz leicht war.

Ich dachte an das kalte, harte Hellgrün von Sabines Augen, ich hatte sie seit ihrer Einlieferung vor einer Woche jeden Tag besucht und war doch jedesmal ängstlich in das Krankenzimmer gekommen, ich wußte nicht, würde sie allein sein, würde sie sich freuen, mich zu sehen, würde sie mich zum Abschied küssen? Seit vier Wochen war sie mir kaum noch entgegengekommen, und dann hatte sie den Unfall gehabt, wenigstens konnte ich sie jetzt jeden Tag sehen. Ihr rechtes Knie war operiert worden, sie würde lange an Krücken gehen müssen, aber sie hatte alles gut überstanden. Ich hörte ihre geschmeidige, weiche Stimme, ihre deutliche Aussprache und starke Modulation, diese Stimme wollte ich für mich erwärmen, sie mußte Dinge zu mir sagen, die eindeutig waren, mit denen sie sich endgültig festlegte, ich wäre fast auf ein Auto gefahren, das ohne Grund vor mir bremste. Ich hatte Angst, daß die Rose knicken könnte, ich hatte eine Straße genommen, von der ich nicht so oft abzubiegen brauchte, hier war viel Verkehr, und ich drehte mich immer wieder um, um die zum Überholen ansetzenden Autos zu beobachten. Ich war diesen Weg noch nie gefahren, ich kannte mich nicht gut aus, ich bog zu früh ab, kam in eine Straße, in der gerade ein Unfall passiert war, die Polizei ließ mich nicht durch, und ich mußte wenden, ich spürte, wie sich die Hindernisse von selbst in den Weg rückten, ich schob mein Rad suchend über den Bürgersteig, bis ich das Krankenhaus gefunden hatte. Alles war voller Besucher, ich mußte durch lange unterirdische Gänge in ein Nebengebäude laufen, ich ging dann langsam, um nicht außer Atem zu sein, ich schwitzte, wahrscheinlich glänzte mein Gesicht, meine Haare waren unkämmbar wie Watte, das Hemd war viel zu laut, dachte ich, aber die Rose war schön, ich mußte auf sie setzen.

Am Tag der Einlieferung war ich sofort bei ihr gewesen, die Krankenschwestern kannten mich und schickten mich nicht mehr aus dem Zimmer, wenn Sabine auf die Bettflasche mußte. Nach der Operation war ich der erste Besucher gewesen, und ich hatte bei ihr gesessen, als sie aus der Narkose erwachte, sie hatte mit dem Kopf um sich geschlagen und mit den Augen gerollt, dann hatte sie mich mit einem trockenen Hallo begrüßt, ihr Atem war leicht säuerlich gewesen. Im Laufe der Woche hatte sie immer mehr Besucher gehabt, täglich saßen ihre Freundinnen um sie herum und bewunderten sie, sie wirkte zwischen den unscheinbaren Mädchen wie ein Tier aus einem Märchen, es hatte mich geschmerzt, sie so zu sehen, ich war still und gekränkt gewesen, ich hatte mich nicht an den Gesprächen beteiligt und war bald gegangen. Dann war ich wieder eine Viertelstunde mit ihr allein gewesen, sie hatte mich umarmt und gesagt, wie sehr sie sich freue, daß ich gekommen sei, mir war, als hätten Nerven und Muskeln in mir gesungen, ich hatte demütig vor ihr gestanden und nur genickt, dann war wieder jemand hereingekommen.

Es war das letzte Zimmer am Ende des Ganges, ich klopfte

leise und öffnete vorsichtig die Tür, Sabines Bett war leer, die anderen Patientinnen begrüßten mich so beiläufig, als sei nichts passiert. In einer Vase neben Sabines Bett stand eine lange rote Rose, jemand war mir zuvorgekommen, auf den Balkon schien die Sonne, dort saß sie, das rechte Bein auf einen vor ihr stehenden Stuhl gelegt, umgeben von den Besuchern. Ich wollte zuerst wieder gehen, aber man hatte mich dort schon entdeckt, Sabine saß mit dem Rücken zu mir, aber sie würde erfahren, daß ich nicht auf den Balkon gekommen war, ich betrat ihn zögernd. Sie trug eine schwarze Bluse, wie immer sah das sehr gut zu ihren langen blonden Haaren und ihrem kräftigen Teint aus, ich murmelte eine Begrüßung und packte meine Rose aus, mehr sagte ich nicht, Sabine stellte mich den anderen vor, sie riß dabei den Mund weit auf. Ich sah mir die Leute nicht genau an, der, der die erste Rose gebracht hatte, ignorierte mich auch, er hieß Lars oder Jens oder Henk, ich achtete nicht darauf, ich hatte das Gespräch unterbrochen, und Sabine versuchte nun, einen neuen Anfang zu finden.

Ich nahm mir den letzten freien Stuhl, zog ihn ganz nach hinten an das Balkongeländer, versuchte, mit dem Rücken zur Sonne zu sitzen und sah Sabine einfach nur an. Sie war schön auf eine Weise, die ganz allein zu mir zu passen schien, die nur mich berühren durfte, ich wartete darauf, mit ihr allein sein zu können, ich wollte ihr sagen, wie sehr ich sie liebte, sie sollte es wieder hören, sie sollte mich nicht mehr abwehren und hinhalten, sie hatte jedesmal einen Weg gefunden, mich auf eine angenehme und schmeichelnde Art zurückzuweisen. Ich war angesprochen worden, sagte aber nichts, ich merkte, daß ich die Arme verschränkt hielt und die Beine übereinandergeschlagen hatte, es war eine Mulattin da, die sehr hübsch sein mochte, die mir aber neben Sabine nicht gefiel, sie nahmen zusammen Schauspielunterricht, und sie sprachen jetzt über ihre Aufnahmeprüfungen. In einer Ecke des Balkons hing ein Trockengestell für Handtücher, dort war an einer Wäscheklammer mit dem Kopf nach unten eine trockene Rose befestigt. Ich sah sie intensiv an, wie um sie wieder zum Leben zu erwecken, jetzt erklärte Sabine allen Anwesenden, daß ich diese Rose am Mittwoch mitgebracht und eine ältere Dame aus dem Krankenzimmer sie zum Trocknen aufgehängt habe. Ich brachte die neue Rose ins Zimmer und stellte sie in die Vase neben die andere, die kürzer war.

Ich hoffte immer noch auf den Abend, wenn die anderen gegangen waren, würde Sabine wieder anders sein, sie wurde immer unpersönlich, wenn jemand Drittes dabei war. Auf einmal dachte ich daran, daß die Mittsommernacht vor uns lag, ich wünschte mir, die ganze Nacht mit Sabine hier draußen zu sitzen, die kurze Dunkelheit und die frühe Helligkeit zu beobachten, danach würde sie einverstanden sein und sich nicht mehr sträuben. Sie war zuerst sehr offen gewesen, zugänglich und gar nicht verkrampft, dann war sie plötzlich, vom einen auf den anderen Tag, umgeschwenkt, war eisig, abweisend und unnahbar geworden, ich hatte keinen Grund dafür gesehen, ich hatte nur versucht, sie immer wieder zu treffen, ich glaubte, daß sie mich nicht richtig verstand, daß ich mich näher und besser erklären müsse, wir waren immer nur zu einem Punkt gekommen, an dem sie abgekühlt war, immer wieder hatte sie sich verwandelt, immer wieder war sie mir äußerst fröhlich und verführerisch erschienen, sie hatte mich angelacht, ich hatte sie angerufen, ihr geschrieben, ihr Bücher geschickt, dann war sie wieder düster und undurchdringlich gewesen, immer wenn ich glaubte, sie endlich gewonnen zu haben, war sie mir entglitten, meine Art, sich ihr zu nähern, war unsicher geworden, rücksichtsvoll oder unterwürfig, ich fürchtete bereits einen Streit, ich wollte ihr keinen Grund geben, mich wegschicken zu können. Was ich von ihr wollte, war klar, sie schien es nicht zu bemerken, oder war das ihre Art, mich zu befeuern, wollte sie mich erst in Glut bringen, wieder sah sie mich liebenswürdig an, das konnte auch gespielt sein.

Es schlug sechs Uhr, die Sonne stand jetzt genau auf den Balkon, es war heiß, ich schwitzte in dem verfluchten Hemd, von unten roch es nach Essen, überall war das Klappern von Geschirr und Bestecken zu hören. Sabine hatte ein kleines Abendbrot bekommen, sie probierte nur davon und aß fast nichts, eine Freundin verabschiedete sich, ich sah die anderen böse an, aber sie machten keine Anstalten, auch aufzubrechen. Sabine beachtete mich nicht mehr, sie mußte die Augen zusammenkneifen, wenn sie in meine Richtung sah, dabei bekam sie senkrechte gerade Falten auf der Stirn.

Es würde alles gut werden, das wußte ich jetzt, Sabine war dreiundzwanzig, ich war zehn Jahre älter, aber wir spürten den Unterschied nicht, sie würde allmählich ihren Widerstand aufgeben, und auch ich würde dann leichter mit ihr umgehen, sie hatte mir vorgehalten, daß ich etwas Schweres mitbringe, das unerträglich sei, das konnte ich jetzt abschütteln. Die anderen mußten gehen, dann würden wir hier friedlich zusammen auf dem Balkon sitzen, bis Sabine ins Bett mußte, sie würde mir sagen, daß sie mich allmählich immer mehr mochte, daß sie sich an mich gewöhnt habe, sie würde mir einen nachdrücklichen Kuß geben, und ich würde still das Krankenhaus verlassen, aber laut singend nach Hause fahren, ich würde die ganze Nacht wach bleiben. Sabine würde bald entlassen werden, dann konnte ich sie jeden Tag zu Hause abholen, mit ihr die drei Stockwerke nach unten steigen und draußen einen kleinen Spaziergang machen, zuerst nur eine kurze Runde, später würde sie ohne Krücken auf mich gestützt gehen können, wir hatten den ganzen Sommer unangebrochen vor uns, wir würden eine Woche oder zehn Tage ans Meer fahren. Ich konnte manchmal das Ferienhaus einer Bekannten haben, es war zwar in den Sommerferien oft belegt, aber vielleicht würde sich eine Lücke finden. Dort würden wir mühelos zusammen sein, wir würden im warmen Sand liegen, am Wasser entlanggehen, ich würde für uns kochen, und es würde abends fast nicht dunkel werden. Den Sommer mußten wir ausnutzen, vielleicht würde sie im Herbst dann zu mir ziehen, ich würde mit ihr zu den Aufnahmeprüfungen fahren, wenn sie wieder beweglich war, sie mußte einen Platz bekommen, sie war begabt, das sah man sofort, dann würden wir uns nur am Wochenende sehen, aber das würde nicht schaden.

Ich sah Sabine zu, wie sie redete, ich war jetzt von allen Zweifeln befreit, ich brauchte nur ihr schönes, gleichmäßiges Gesicht anzusehen, niemand konnte sie mir mehr wegnehmen, sie würde bald für mich allein da sein, warum war ich nur so kleinmütig gewesen, es bestand keine Gefahr mehr. Die beiden letzten Besucher standen auf, Sabine umarmte sie, ich sah weg, aber ich war froh, daß ich endlich an der Reihe war, lange genug hatte ich darauf gewartet, jetzt hatte ich mir verdient, daß ich neben ihr sitzen und sie berühren durfte, jetzt konnte sie sich an mich lehnen, und wir würden nur noch flüstern.

Als alle weg waren, sah mich Sabine durchdringend und böse an, ihr breiter Mund war ernst, ihre grünen Augen changierten ins Graue. Bist du immer noch in mich verliebt? fragte sie ärgerlich, ihre Stimme war laut, sie deklamierte beinahe, ich bemühte mich kläglich, meine Stimme fest und entschlossen klingen zu lassen, aber meine Erwiderung war schwach und gestammelt, ich saß neben ihr und sah geblendet in die Sonne, als sie betont und übertrieben deutlich zu reden begann, ich hörte, daß sie sprach, aber ich konnte mir das Gesagte nicht verständlich machen, ihre Augen sprühten, ihre hellroten Lippen formten die Worte, als seien sie die gemeinten Dinge selbst, sie sprach mit mir, als sei ich etwas geistesschwach und schwer von Begriff, ich wußte, daß es darauf keine Antwort mehr geben konnte, ich ließ den Kopf hängen und sah auf meine Sandalen, die ich gerade hatte ausziehen wollen, ich hatte das Gefühl, von Sabines Mund stückweise aufgenommen und zermalmt zu werden, ihr Sprechen war wie ein Mahlen, um mich endgültig in ein Häufchen Pulver zu verwandeln, als das ich mich aber eigentlich schon fühlte.

Als sie fertig war, senkte sie den Kopf, das Gespräch war beendet wie eine Audienz, ich stand auf und wollte ihr helfen, ins Zimmer zu gehen, sie zog sich an mir hoch und umarmte mich heftig, ich faßte ihre schmalen Schultern und spürte ein Beben, ich wußte nicht, von wem das ausging, ich murmelte etwas, was ich vorhin hatte sagen wollen, jetzt sah Sabine mich mit verzerrtem Gesicht an, ich wußte nicht, was mir entrutscht war, worüber sie jetzt wütend war, sie ohrfeigte mich verächtlich und immer öfter, ihre Schäge wurden schneller und härter, sie vertrat mir den Weg zur Balkontür, meine Backen brannten und schmerzten, ich sah, daß sie bei jedem Schlag die Augen schloß, als es mir gelang, an ihr vorbeizuschlüpfen, schlug sie mit den Krücken hinter mir her, ich stand keuchend auf der Straße.

## Anita Zieher

# fisch sucht fahrrad

eine frage gibt die andere. eine hand wäscht die andere. wessen nun? eine hand wäscht die schmutzige hand. eine schmutzige hand wäscht eine andere, wo nun? bei ihr, auf ihr. wann nun? jetzt. an ihrem todestag. bei ihrem treffen. wer nun?

sie ist handelnde in ihrem leben. handelnd und zugleich behandelt und gehandelt in den leben anderer. getrieben und zugleich betrieben und vertrieben von anderen. betroffen und getroffen. von ihm. bei ihrem treffen.

sie springt die stufen hinunter, springt nicht nur, eilt, rennt, zum zug, zur zeitung, zum herd. die stufen hinter sich lassend, die straße überrennend, hastend, mit dem wissen, nicht zu spät kommen zu können. kein zug zu versäumen, keine zeitung zu lesen, kein herd zu bekochen. nichts wartend. dennoch voller eile, voller erwartung. ständig schnellen schrittes, endlich, den schlüssel drehen und – aufatmen, die wohnungstür knarrt.

sie hebt die post auf. rechnungen, zwei briefe von unbekannt, freundinnenbriefe. zwei briefe von unbekannt, wer schreibt? mit dem messer aufgeschlitzt, schuhe am boden verlassen, mantel am kleiderbügel verpackt, sie setzt sich auf die couch, füße hochlagernd, briefe in der hand.

»Sehr geehrte Frau, ich entnehme Ihrer Anzeige, daß auch Sie bisher vom Glück nicht verfolgt waren. blabla. Warte auf Ihre Reaktion und freue mich auf Sie. blabla.«

brief eins von unbekannt ist schon bekannt von den anderen briefen. der aufwand hat sich nicht gelohnt. brief zwei. »Hallo, was treibt Sie zu diesem Schritt? Wer? Mich treibt irgend etwas zu diesem Brief. Sind Sie das? Erbitte Rückmeldung!«

warum habe ich die anzeige aufgegeben? hastend von nichts zu nichts, hoffend auf viel zu viel. der ratschlag von freunden. such dir wen, ganz einfach, finde wen.

anzeige aufgegeben. gut. einfach. abwarten. viele briefe ohne inhalt. eine frage mit inhalt. was treibt sie zu diesem schritt? die einsamkeit? die leere? wohin treibt es sie? sie liegt auf der couch. eine frage martert ihr gehirn. anrufen. ja, warum nicht. nein. warum denn? sie ist handelnde, redet sie sich ein.

sie nimmt den hörer, wählt, hört. tut, tut.

»Ja, hallo?«

rauhe stimme, harter klang. ihr gefühl mahnt sie aufzulegen.

»Hallo. Sie haben mir geschrieben.«

»Wer sind Sie?«

»Die Frau aus der Anzeige.«

»Aha. Sie sind das. Warum rufen Sie an?«

sie blickt zu boden. er kann nicht sehen, wie sie ringt. um worte. um eine rechtfertigung, was will sie von ihm? was nun?

»Sie baten um einen Rückruf. Warum haben Sie geschrieben?«

ein räuspern. laut.

»Ich suche jemanden. Vielleicht Sie.«

sie schweigt. sie fühlt sich unwohl. er beginnt wieder.

»Erzählen Sie etwas von sich.«

»Was wollen Sie wissen?«

»Was wollen Sie mir erzählen?«

»Was Sie von mir wissen wollen.«

»Alles?«

»Nein.«

»Was nicht?«

»Das erzähle ich Ihnen nicht.«

»Irgendwann doch.«

er schweigt. sie ebenso.

»Wir sollten uns sehen.«

sie ist nicht sicher.

»Wann haben Sie Zeit? Bei mir ginge es am Dienstag um halb neun. Wie wär's im ›Extra‹?«

»Okay. Was werden Sie anziehen?«

»Blaue Socken. Schwarze Schuhe. Ein Hemd, eine Hose. Das Übliche. Ich werde lächeln und Sie werden mich erkennen.«

»Wenn Sie meinen.«

»Geben Sie mir Ihre Telefonnummer. Falls etwas dazwischen kommt. Möchten Sie noch etwas wissen?«

»Nein, ich glaube nicht. Aber tragen Sie zur Sicherheit eine Blume im Knopfloch, damit wir uns nicht entgehen.«

»Genügt ein Gänseblümchen?«
»Wie wär's mit einer Pusteblume?«
»Sie blasen wohl gerne?«
er lacht über seine bemerkung. sie nicht.
ich werde nicht hingehen. er ist ein arrogantes schwein.
»Ich muß jetzt aufhören.«
»Okay. Schlafen Sie gut. Träumen Sie von mir. Gute Nacht.«
es klickt. gute nacht.
*was nun?*
nein, ich werde nicht hingehen. sie hat ein bild vor sich. sein bild. groß, dunkel, eine fratze, die sie ihm herunterreißen möchte, sein arrogantes lachen kann sie sich denken. ein treffen mit ihm. wer trifft wen? ich gehe nicht hin. sie geht ins schlafzimmer. licht einschalten, fenster schließen, bett aufschlagen. sie geht zum kasten, wühlt, sucht, nimmt heraus, eins nach dem andern, türmt einen berg auf dem bett. was anziehen?
*wann nun?*
dienstag, siebzehn uhr dreißig. sie springt über die stufen, eilt, rennt, zum bus, erwischt ihn. stehplatz. geruch nach parfum und zigaretten. der bus fährt zu langsam, zu unsanft, zu ruckartig.
ihre station. aussteigen. sie schüttelt die ausdünstungen der fahrgäste ab. mit schnellen schritten ist sie in der wohnung. noch viel zeit, denkt sie.
raus aus den schuhen, rein ins bad, wasser aufdrehen. wo ist der badeschaum? sie nimmt etwas mehr als sonst.
das bad tut gut. das telefon läutet.
er kommt nicht, er will mich nicht sehen. dieses schwein.
»Mama, das ist eine Überraschung.«
gehetzter Blick auf die uhr. das hat ihr noch gefehlt. nein, ihr geht es gut. ja, sie zieht sich warm an. nein, den immobilienmakler trifft sie nicht mehr. ja, sie wird es nie zu einem mann bringen. sie meint es nur gut.
»Danke für den Anruf. Gute Nacht, Mama.«
achtzehn uhr fünfzehn. sie muß sich beeilen. sie springt auf, eilt ins schlafzimmer, sucht das kleid, das blaue, das zu ihren augen paßt. ›deine augen leuchten so schön‹, hat der immobilienmakler gesagt. nein, sie zieht es nicht an. vielleicht das grüne? sie

hätte sich eins kaufen sollen. sie zieht das schwarze an. sie hetzt zum nachtkästchen. wo sind die strümpfe? die mit der naht haben ein loch, diese sind in ordnung. lippenstift. liegt der noch im büro? sie hatte doch noch irgendwo einen. sie rennt durch die wohnung, eine wildgewordene, ein pfeil, eine getriebene.

neunzehn uhr zehn. fertig, unsicherer blick in den spiegel. die anderen schuhe? zu hoch? was, wenn er klein ist? eine frau sollte nicht... auf gar keinen fall. sie wünscht sich, daß er kleiner ist als sie. fett, mit glatze, sie kann auf ihn spucken, ihn auslachen, diesen arrogantling.

nein, ich darf die chance nicht verpassen. vielleicht ist er ja nett. ja, vielleicht...

zwanzig uhr neunzehn. sie parkt das auto. das lokal muß hier irgendwo sein. ›Extra‹. sie kann es schon sehen. sie öffnet die tür, blicke strömen ihr entgegen, alle scheinen sie anzublicken. viele lächeln. wissen die, warum ich hier bin? panischer moment, sie will umkehren, sie erkennt ihn nie, sie dreht sich um und...

»Hallo. Bei mir sind Sie richtig.«

sie sieht ihn an.

nicht klein, nicht fett, viele haare, dunkel, graues sakko.

sie steht vor ihm, lächelt.

»Setzen wir uns dort hinten.«

sie folgt ihm ins hintere linke eck.

»Ich habe Sie mir nicht anders vorgestellt, aber schwarz macht Sie alt. Sie sollten blau oder grün tragen.«

*wo nun?*

sie geht nie in solche lokale, was sucht sie hier? wen nun?

»Woran haben Sie mich erkannt?«

»Sie haben das gewisse Etwas.«

»Das haben viele. Woran also?«

»Vielleicht erzähle ich es Ihnen einmal.«

nervös rutscht sie auf der bank hin und her. er starrt sie an. verlegene röte in ihrem gesicht, schulmädchengesicht.

sie betrachtet ihn. seine haare, seine augen, seinen mund, das verächtliche grinsen, trotzdem anziehend.

er beobachtet ihren tänzelnden fuß, den schuh, den sie immer wieder an- und auszieht. sie bemerkt es, stellt sich ruhig, für sekunden. dann setzt sich das schaukeln des fußes fort. sie beginnen zu reden. über die arbeit, die wahlen, ideale, schuhmode, nicht uninteressant. er ist nicht nur arrogant – auch wenn er es ist. mit ihm hatte sie nicht gerechnet. kein traummann. trotzdem interessant. ein mann zum heiraten ist er nicht. zu nüchtern, zu fordernd.

»Zahlen bitte!«

er packt das portemonnaie aus. sie ebenfalls.

»Nein, ich mach' das schon.«

er zahlt für beide. sie bedankt sich artig.

»Gern geschehen.«

er packt das geld weg, blickt sie an.

»Kommst du noch mit zu mir?«

die frage mußte kommen. ist sie dazu bereit? ja, sie lebt schon lange allein. nein, sie will nicht mit ihm ins bett.

»Wieso, hast du eine tolle Briefmarkensammlung?«

sie versucht auszuweichen. fehlschlag. er ist direkt.

»Nein, aber brandneue Kondome.«

»Nein, danke.«

»Gut. Deine Entscheidung. Gehen wir.«

er geht voraus, begleitet sie zum auto. sie sucht die schlüssel in der tasche, sperrt auf.

»Also dann ...«

»Warte!« er hält sie am arm. »Nur einen Kuß. Wenn du willst, kannst du dann fahren, oder bleiben. Nur ein Versuch.«

sie ist unentschlossen. er raubt ihr die entscheidung.

er schmeckt nach bier, aber gut. sie mag ihn. was nun? ja, sie will es so. nein, sie kann jetzt nicht mehr zurück. seine hand an ihrem kleid und überall. nein, jetzt nicht denken, nicht denken. ja, ich will es, ja...

nein, so hatte sie es sich nicht vorgestellt.

er liegt neben ihr. ihr schoß tropft. was nun?

er nimmt sie in den arm, schmiegt sich an sie.

»War es für dich auch schön?«

zu schnell, zu ruckartig, zu unsanft, denkt sie.

sie verkreuzt die finger. »Ja.«

sie will sich aufrichten. er hält sie zurück.

»Bleib doch noch.«

»Warum?«

»Ich möchte dich gerne bei mir haben.«

»Ich muß gehen.«

nein, sie kann nicht hier bleiben. sie muß nachdenken. seine worte dringen in ihre gedanken.

»Können wir uns morgen sehen?«

sie weiß nicht, ob sie das will, ob sie etwas von ihm will. ihr kopf schwirrt. sie ist wieder trocken. er blickt sie an.

»Treffen wir uns morgen um sieben?«

seine hand zieht sie zurück ins bett.

»Ja, um sieben.«

Franz S. Sklenitzka

# Tote Saison

Der Verlag hatte ihm ein Zimmer in einem Fünfsternehotel reserviert – wäre er noch so naiv wie seine jüngeren Kollegen gewesen, hätte er es seiner Tüchtigkeit zugeschrieben und sich etwas darauf einbilden können, aber es lag wohl daran, daß um diese Zeit, Anfang November, die Hotelzimmer in den Fremdenverkehrsorten fast alle leer standen und die Preise beträchtlich ermäßigt waren. Die Saison begann erst um den 5. Dezember. Er freute sich auf ein geruhsames Frühstück. Eine Stunde wollte er sich dafür Zeit nehmen, wollte der erste sein am Frühstücksbuffet. Er stand zeitig auf und ging ins Badezimmer, um zu duschen und sich zu rasieren. Er schätzte sie mittlerweile, die Hotelbadezimmer, auch wenn es manchmal nur winzige Naßzellen waren, aber die kamen ihm im Vergleich zum Badezimmer in seiner Wohnung jedesmal geräumig vor. Das Badezimmer zuhause (war es überhaupt noch ein »Zuhause«?) war ständig vollgeräumt mit Tuben und Tiegeln und nassen Handtüchern, die ewig nicht trockneten, und die Badewanne war meistens besetzt, entweder vom siebzehnjährigen Sohn oder von seiner Frau oder von den Grünpflanzen seiner Frau, von denen es Unmengen im ganzen Haus gab und denen sie in bestimmten, kurzen Abständen eine Blattdusche verordnete. Wenn er duschen wollte, mußte er zuvor oft eine Zwanzig-Kilo-Clivie oder eine Yucca aus der Wanne heben. Er genoß die Leere des Badezimmers, und er genoß es, das Wasser abfließen zu sehen. Mit Abscheu dachte er an die verstopften Abflüsse zu Hause (war es überhaupt noch sein »Zuhause«?), die sich, auch wenn er sie alle zwei Monate reinigte, immer aufs neue verstopften, und wenn er sie dann aufschraubte – es war eine Arbeit, die immer ihm blieb – kamen ganze Pfropfen zum Vorschein, stinkende Pfropfen, die hauptsächlich aus den Haaren seiner Frau und den dürren Blättern von Grünlilien bestanden, vermischt und legiert mit Zahnpasta und Seife, inzwischen faulig und schwarz geworden. Er hatte seine

Frau immer wieder, Zeit seiner Ehe, gebeten, die Haare, die beim Frisieren ins Waschbecken fielen, nicht in den Abfluß zu spülen, aber sie tat es, sie hielt sich einfach nicht daran, wahrscheinlich hörte sie ihm gar nicht zu, wenn er sie daran erinnerte, und manchmal packte ihn heiße Wut, wenn er aus den blank geputzten Hotelbadezimmern zurückkehrte in das vollgestopfte Badezimmer mit der besetzten und begrünten Wanne und den verstopften Abflüssen.

Er stellte sich vor den Spiegel und fragte sich, ob es noch irgend etwas gab, was seiner Frau an ihm gefallen konnte. Er betrachtete sein nachdenkliches Gesicht mit den Hängebacken. Aus Ohren und Nasenlöchern wucherten Haare, die er früher nie hatte stutzen müssen. Sein Blick wanderte abwärts zu dem spitzen Bauch, den dicken Hüften und den dünnen Beinen, zwischen denen der Penis hing, nutz- und zwecklos, schlimmer noch, ein ständig vor sich hintröpfelndes Ärgernis und die Ursache dafür, daß er eine Vertreterreise erstmals mit der Bahn und nicht mit dem Auto unternahm, weil er im Zug jederzeit die Toilette aufsuchen konnte. »Harnwegentzündung«, hatte der Arzt gemurmelt und ein Antibiotikum verschrieben. »Wenn es in drei Tagen nicht besser ist, muß ich Sie zu einem Urologen schicken. Meiden Sie Kaffee und Alkohol. Es könnte auch die Prostata sein...« Der Verleger, den er seit langen Jahren kannte und den er ins Vertrauen gezogen hatte, hatte ihm zu einem Krankenstand geraten, aber er hatte abgelehnt. Er selbst hatte auf dieser Reise bestanden. Nur nicht zum alten Eisen gezählt werden! Doch nicht deswegen! Nicht wegen ständigem Harndrang und einem tröpfelnden Penis. Reisen war Bestandteil seines Lebens. Früher einmal, als er und seine Ehe noch sehr viel jünger gewesen waren, hatte er einem Kollegen erklärt, gern wegzufahren und gern wieder heimzukommen. Der Kollege hatte gelacht und geantwortet: »Du fährst weg, um immer wieder heimzukommen«, und er hatte das als treffende Antwort empfunden, aber mittlerweile war das Wegfahren für ihn viel wichtiger geworden als das Heimkehren. Er kehrte nur mehr heim, um wieder wegfahren zu können. Reisen, das hieß Unterwegs-sein. Wer reiste, war noch am Leben. Wer reiste, konnte noch nicht tot sein.

Der Speisesaal war voller Leute und Geräusche, und es fielen ihm die Busse wieder ein, er hatte sie am Vortag vor dem Hotel stehen gesehen. Waren sie aus Belgien, waren sie aus Holland, waren es hundert Menschen, hundertfünfzig? Er wußte es nicht, wollte es auch gar nicht wissen, sah nur, daß es alte Leute waren, jenseits der Sechzig alle, immer mehr, ständig kamen neue wie Ameisen aus ihrem Bau, er mußte lachen, neue alte Leute, zogen zielstrebig an seinem Tisch vorüber und drängten sich ums Buffet. Doppelkinne, fette Bäuche, fette Hinterteile, Hüftgelenke (operiert oder für eine Operation vorgesehen), eine ganze Generation zog in Augenhöhe an ihm vorüber, sie mußten die schlechte Zeit noch miterlebt haben, Rentner und Pensionisten jetzt, aber mit beiden Beinen fest im Leben stehend, an diesem Morgen zumindest, fest entschlossen, für gutes Geld in guter Zeit das bestmögliche Frühstück zu bekommen.

Mit leichtem Ekel betrachtete er die Hundertschaft, die ihn um den Genuß eines geruhsamen Frühstücks brachte, betrachtete die Leute einzeln, einen nach dem anderen, und wurde sich bewußt, daß ihn allenfalls zehn Jahre von diesen Menschen trennten, daß er kaum anders, kaum jünger aussah als sie. Aber es gelang ihm nicht, sich auch nur in einem von ihnen wiederzuerkennen. Gerührt dachte er an den alten Mann, den er auf dem Salzburger Vorstadtbahnhof am Vortag entdeckt hatte. *Das* war er selbst gewesen, er selbst, so würde er aussehen, bald vielleicht schon, nach dem ersten Infarkt oder nach dem ersten Schlaganfall, nach dem ersten Pfropfen, der die Arterie verstopfte; der alte Mann, der den Bart genauso trug wie er, nur daß der Bart nicht grau sondern weiß gewesen war, der alte Mann, der mit kleinen Schritten seinen Weg entlanggeschlurft war, leicht vornübergeneigt, kurzatmig, aber voller Würde. In diesem Mann war er sich selbst begegnet. Er hätte ihn gerne angesprochen, wenn ihn nicht die zwei Schienenstränge von ihm getrennt hätten – und wenn da nicht diese johlende Horde von Kindern gewesen wäre, die plötzlich aus einer Pizzeria drängten und den Alten fast niedergerannt hätten. Der Mann war stehengeblieben, um sich ihnen besser entgegenstemmen zu können und hatte seine Kappe festgehalten wie einer, dem plötzlich ein kalter Wind ins Gesicht bläst. Die Kinder hatten ihn überhaupt nicht beachtet, weniger als einen Baum am Weg oder eine Litfaßsäule. Das war es, dachte er bekümmert: nicht beachtet werden. Das war bereits der Anfang vom Ende. Nicht beachtet werden hieß schon so-gut-wie-tot-sein, auch wenn man physisch noch lebte.

Dann war sein Zug eingefahren, der ihn über Innsbruck nach Südtirol bringen sollte, wo er noch einige Buchhändler zu besuchen hatte, und als er endlich einen Platz gefunden und den schweren Koffer verstaut hatte, hatte sich der Zug längst wieder in Bewegung gesetzt, und von dem alten Mann und von den Kindern war nichts mehr zu sehen.

Es geschah auf der Rückfahrt. Er hatte alles zeitgerecht erledigt. Ein Blick auf den Fahrplan sagte ihm, daß es ihm vielleicht gelingen würde, in Bozen den EC »Leonardo da Vinci« von Mailand nach München zu erreichen. Er sprang aus dem Taxi, rannte mit dem schweren Koffer durch die Bahnhofshalle, hastete zur Unterführung, stolperte keuchend die Stiege hoch, und mit jeder Stufe schien der Koffer schwerer zu werden. Als er den Bahnsteig erreicht hatte, fuhr der Zug ein. Mit letzter Kraft hievte er den Koffer über die Trittbretter in den Eisenbahnwagen und kletterte nach. Vollkommen erschöpft von der ungewohnten Anstrengung fiel er in den erstbesten Sitz und war minutenlang nicht in der Lage, sich daraus zu erheben und den Mantel auszuziehen. Dann schaffte er es, sich hochzustemmen. Wie in Trance erreichte er den Speisewagen.

Der Speisewagen der italienischen Staatsbahnen war, wie seltsamerweise überhaupt der ganze Zug, fast leer – aber voller Musik. Nie im Leben hätte er gedacht, daß ein leerer Eisenbahnwaggon eine so gute Akustik haben könne. Es war ihm, als würde er eine rollende Kirche betreten. Die Musik kam aus einem tragbaren CD-Player, der auf einem Tischchen lag und mit zwei kleinen Lautsprechern verbunden war. Daneben stand der Chef des Speisewagens in seiner schmucken dunklen Uniform, die ihn irgendwie an die Uniform eines Leichenträgers erinnerte (nein, schöner war sie, mit ihren Goldborten!) und sang mit lauter und klarer Stimme das Kyrie eleison mit. Durch die Wagenfenster drang auf einmal gleißende Helligkeit, die Sonne kam durch, und es war, als würde der Zug aus dem Nebel dem Licht entgegenfahren. Jetzt erkannte er auch die Musik. Es war das Mozart-

Requiem, er aber vergewisserte sich noch einmal beim Sänger, der seinen Gesang kurz unterbrach und dem Fragesteller zunickte.

Da spürte er erstmals den Wunsch, unter alles einen Schlußstrich zu ziehen, das Diesseits für immer hinter sich lassen zu können. Erschöpft und erleichtert stellte er fest: Der Tod war da, der Tod des Handlungsreisenden. Er wollte mit nichts und niemandem mehr zu tun haben, sich um keine Bausparverträge mehr kümmern müssen und um keine Lebensversicherungsprämien. Nichts war mehr von Belang, nichts von Bedeutung, nicht der Lohnsteuerausgleich, nicht die Harnweginfektion und nicht die Joghurts, die er den Kindern mitbrachte, weil sie in Italien angeblich besser waren als zu Hause. Er brauchte nicht mehr an die Depressionen seiner Frau zu denken, die ihn in Angst versetzt hatten, nicht mehr an das Haus, das er gebaut, und an die Schulden, die er damit gemacht hatte, nicht an den Nagelpilz, den er erfolgreich, und an den Zahnfleischschwund, den er vergeblich bekämpft hatte. Er war frei. Nur die Musik, die in seinen Ohren rauschte und dröhnte, zählte jetzt, und die Bilder zählten, die an ihm vorbeizogen und die er sehnsüchtig in sich aufnahm, Schafe auf den Bergweiden. Lärchen auf steilen Felshängen, Birken im goldgelben Blätterschmuck. Es waren schon Bilder aus einer anderen Welt, der Zug mußte das Niemandsland zwischen Hüben und Drüben passiert haben. Außer ihm saß nur ein uralter Mann im Speisewagen, rührte versunken in seinem Capuccino. Er mußte über achtzig sein, übersät mit Altersflecken und Muttermalen, und er würde ihn wohl auf seiner letzten Reise begleiten. Wenn das sein Abgang war nach einem Leben, das man keineswegs als geglückt bezeichnen konnte, dann hatte er nichts gegen das Sterben einzuwenden. Der Todestag, der sechste November, war ein Datum, das sich seine Familie würde merken können. Von Fellini, hatte er erst gelesen, sagte man, daß er in einem Eisenbahnwaggon geboren worden sei. Von ihm, er mußte bei dem Gedanken lächeln, würde man sich erzählen, daß ihn der Tod in einem Speisewagen der italienischen Staatsbahnen ereilt hätte. Herzinfarkt nach Überanstrengung. Oder Schlaganfall. Er erinnerte sich, wie in seinem Heimatort der Kirchenchor, in dem sein Vater jahrelang die zweite Geige gespielt hatte, zu

Allerheiligen immer das Mozart-Requiem aufgeführt hatte, und die Rührung übermannte ihn beinahe. Immer hatte er sich bemüht, die Geige seines Vaters aus dem Konzert der Instrumente herauszuhören, bei jeder lateinischen Messe. Er hatte seinen Vater geliebt, abgöttisch geliebt. Die Stiefel hatte er ihm aus- und die Hausschuhe angezogen, wenn er von der Arbeit heimgekommen war. Er wünschte sich, seine Kinder würden ihn nur halb so lieben, wie er seinen Vater geliebt hatte.

Doch langsam kamen andere Wahrnehmungen und damit die Gewißheit, daß er noch am Leben war. Sein Urin, der auf der Speisewagentoilette langsam in die Schüssel tröpfelte, roch nach Kaffee; in Brixen, neben dem Bahnhof, entdeckte er ein Hotel, in dem er vor Jahren genächtigt hatte und in dem damals ein Schlepper, der eine Thailänderin (oder einer Filipina?) illegal über die Grenze gebracht hatte, verhaftet worden war. Es fiel ihm auf, wie brüchig und zerrissen die Asphaltdecke auf dem Bahnsteig in einem kleinen Ort namens Grasstein aussah, in dem der »Leonardo da Vinci« außerfahrplanmäßig hielt, und daß auf dem Brenner ein österreichischer Eisenbahner, dessen Uniform nicht halb so elegant war wie die seiner italienischen Kollegen, auf einer Bank im Freien saß und im »Neuen Blatt« blätterte. Nur die weißen Wolkenfetzen, die so schnell wie im Zeitraffer über den blauen Himmel zogen, hatten noch etwas Unwirkliches an sich.

In Innsbruck verließ er den Zug, nachdem er sich auf seiner Karte vom Schaffner einen Vermerk hatte eintragen lassen, verwahrte den schweren Koffer in einem Schließfach und begab sich auf die Suche nach einer Musikalienhandlung, in der er das Mozart-Requiem auf CD bekommen würde.

WALTER GNELLI

# Ein Kuß

Felix war jemand, der Arbeit suchte, egal welche, obwohl er natürlich noch immer davon träumte, wieder zur See zu fahren, Seemann zu sein und herumzukommen, Atlanta, Liverpool, Genua, er war es fast zehn Jahre lang gewesen, wobei die Arbeit ruhig hart sein durfte, hart und ehrlich, er wollte ja nichts geschenkt haben, nur richtig arbeiten, doch dafür brauchte er eine neue Beinprothese, denn sein linkes Bein bestand seit einem Unfall nur noch aus einem Oberschenkelstumpf, aber es sollte keine X-Beliebige sein, nein, keine aus Holz und auch keine gebrauchte, die doch für ein ganz anderes Bein gemacht war, er kannte ja jemand, der eine besaß, sie juckte am Beinstumpf und war viel zu kurz, so daß er genauso weiterhumpelte, als würde er weiterhin mit Krücken gehen, ein mitleiderregendes Humpeln übrigens, das die Leute entweder kichern, so ungelenk sah es manchmal aus, oder verschämt wegschauen ließ, mit den Jahren hatte er ein sicheres Gespür dafür, ob ein verschämter oder unverschämter Charakter auf ihn zukam, aber eigentlich brauchte er zunächst nur eine Frau, eine X-Beliebige, ja, wobei ihr Äußeres völlig unwichtig gewesen war, Brüste, Beine, Taille, Haarfarbe, Alter, alles nebensächlich, obwohl er doch Frauen mit langem Haar mochte, und zwar solches, das bis zu den Hüften fiel, offen und frei, wie ein Versprechen, doch wie gesagt, alles war zweitrangig gewesen, ihre möglichen Gesichtszüge, ihre mögliche Figur, ihr möglicher Gang oder die Art und Weise, wie er entspannt die runde Bewegung ihrer Beine betrachtete, oder auch, wie die Neugier ihrer Augen auf seine eigenen überging, ein untrügliches Zeichen, daß etwas begann, doch er suchte eine Frau, die nach nichts aussah, die nichts in ihm auslöste, eine, die er sonst kaum beachtet hätte, eine graue Kirchenmaus sozusagen, ein Aschenputtelgesicht, vielleicht sogar eine Sitzengelassene, er kannte eine in seiner Nachbarschaft, sie wohnte wieder bei der eigenen Familie, nachdem ihr Verlobter sie verlassen hatte, denn er suchte ja keine Frau, um sie zu heiraten, nein, auf keinen Fall, er wollte keine Familie gründen, keine Kinder zeugen, keine Treue schwören, kein Streit sollte sie entzweien, keine Liebe versöhnen, Eros hatte bei ihnen nichts verloren, mein Gott, beileibe nicht, und wehe doch, er brauchte eine Frau lediglich, um sie zu küssen, zu mehr nicht, wobei dies nicht ganz der Wahrheit entsprach, denn es ging nur um einen einzigen Kuß, aber für einen ziemlich langen dann, einen, der nicht nur über Stunden und Nächte ging, die Ewigkeit von Verliebten, sondern über Wochen und Monate, unglaublich, als er davon das erste Mal in der Zeitung gelesen hatte, unmöglich, einen Kuß, der Ausdauer verlangte, als wäre er Teil einer mühseligen Wüsten- oder Polardurchquerung, so kam es ihm vor, ein Kuß als Expedition, so wie andere einen Achttausender besteigen oder ein Trapezkunststück wagen, ein Kuß als Wagnis, ein Kuß als Wettbewerb, ja, denn es ging tatsächlich um einen Wettbewerb, um einen Wettstreit zwischen etwas mehr als fünfzig Paaren, verheiratete, geschiedene, befreundete, verliebte, wie auch immer, die sich fast ununterbrochen küssen, sollten? mußten? konnten? eben so lange wie möglich, das waren die Regeln des Wettbewerbs, bis man das letzte Paar war, bis alle anderen aufgegeben hatten, nach und nach, und man gewonnen hatte, nicht den zweiten, dritten oder vierten Preis, denn es gab keine weiteren Preise, als den ersten Preis, vierzigtausend Dollar, so waren die Regeln, hart und ehrlich, wie die Arbeit, die er verzweifelt suchte, mit einem neuen Bein, das nur für ihn gemacht worden wäre, keines aus Aluminium, nein, das schon nach wenigen Monaten kaputtging, oder eines aus Stahl, das viel zu schwer war, um damit richtig zu arbeiten, von morgens bis abends, wenn es sein mußte, was aber ohne eine gute Prothese völlig unmöglich war, und dies wiederum nicht ohne eine Frau, die bereit war, ihn zu küssen, zwar nur ein einziges Mal, aber dafür fast ununterbrochen, um sich dann den Gewinn zu teilen, zwanzigtausend Dollar für jeden, Hälfte-Hälfte natürlich, wie es sich gehört, unter Brüdern genauso wie unter Schwestern, und natürlich auch wie unter Dieben, denn die Regeln besagten, daß es außer einem Gewinnerpaar nur Verliererpaare geben würde, so war es vorgeschrieben, damit er sich endlich eine Prothese kaufen konnte, und zwar eine aus Fieberglas, mit einem richtigen Sprung- und Kniegelenk, er hatte gelesen, daß jemand damit sogar am berühmten Iron-Man teilgenommen hatte, dem Triathlon-Wettbewerb auf Hawaii, drei Kilometer schwimmen, im offenen Meer, einhundertachtzig Kilometer radfahren, ohne Windschattenfahren, das war verboten, und zum Schluß noch einen Marathonlauf, mit einem Bein aus Fieberglas, eine Technik wie ein Schweizer Uhrwerk, eines, das fast von alleine ging, so stellte er es sich vor, als er davon gelesen hatte, federleicht eben, unverwüstlich und einmalig, und mit dem er natürlich nicht nur richtig arbeiten konnte, meinetwegen tage- oder nächtelang, sondern auch einen Marathonlauf bestreiten konnte, Schritt für Schritt, wie alle anderen Läufer auch, Seitenstiche, Schweiß, Müdigkeit, wobei aber zuvor der andere Wettbewerb gewonnen werden mußte, er hieß sogar »Kußmarathon«, dann konnte er sich nicht nur eine Prothese leisten, sondern vier, wenn er wollte, für jede Jahreszeit eine, Frühjahr, Sommer, Herbst, Winter, oder auch für jede Tageszeit, morgens, mittags, nachmittags, abends, je nach Lust und Laune, gestiftet von einem jener neuen Einkaufszentren in der Innenstadt, die innen wie Bienenwaben aussahen, schmale Räume, die mit Waren vollgestellt waren, Käfige des Verbrauchens, Zellen des Kaufens, enge Seelenkerker, während im überdachten Innenhof der Wettbewerb stattfand, von allen Seiten grelles Neonlicht, von zehn Uhr morgens bis zehn Uhr abends, während sich ihre Lippen berühren mußten, unterbrochen von zwei Essenspausen von jeweils einer Stunde, Tag für Tag, Woche um Woche, als man sie von allen Seiten begaffte, ununterbrochen, Lippenpaar an Lippenpaar, Körper gegen Körper, Atem in Atem, berieselt von einer Hintergrundsmusik, eine nervtötende Musik übrigens, die sie beide von Anfang an gestört hatte, ihn und die Frau, die ihn küßte, die mit ihm an jenem Wettbewerb teilgenommen hatte, ohne zu wissen, wie lange es dauern würde, einen Monat mindestens, wurde anfangs vermutet, genau wußte es niemand, bis ihnen durch die dauernde Berührung die Frontzähne ganz wacklig wurden, bei ihnen beiden, und sich ihr Zahnfleisch entzündet hatte, als er, während sie sich küßten, Interviews gegeben hatte, Lippenpaar an Lippenpaar, und er zwischendurch mit offenen Augen davon träumte, sonst nahmen die

Tage ja überhaupt kein Ende, wieder zur See zu fahren, so wie früher, bevor er seinen Unfall gehabt hatte, er war von einem Zug erfaßt und zweihundert Meter mitgeschleift worden, alle Knochen hatte er sich gebrochen, das Bein war gleich abgerissen worden, als er noch Glück gehabt hatte, großes Glück sogar, wie ihm die Ärzte gesagt hatten, es hätte ja auch anders kommen können, ganz anders, aber weil er zur Unfallzeit nirgendwo angeheuert war, keine Rente bekam, hier war so etwas unmöglich, was anderswo möglich war, eine staatliche Behindertenrente, denn es fehlte ihm ja eigentlich nur das linke Bein, ein Bein von Menschenhand, reines Fieberglas, ein magisches Wort, unzerbrechlich und einmalig, wie er erfahren hatte, unverwüstlich natürlich auch, eine Prothese für den Rest des Lebens, für seinen Teil der Ewigkeit, und natürlich eine, die auch Salzwasser vertragen konnte, ja, und Windstärke acht, ja, und Salzluft, Öl und Fett und alle Widrigkeiten, die auf einem Frachtschiff passieren können, einschließlich dem miesen Essen und der schlechten Laune der Offiziere, damit die Leute ihn wieder ernst nahmen, richtig ernst natürlich, nicht der übliche mitleidige Ernst, ein Stück Ernst wie ein Stück Almosen, wie eine milde Gabe, wie ein Bettelgeschenk, so wie man einem Hund ein Stück trockenes Brot gibt, daran dachte er, als ihm schon nach wenigen Wochen die Beine weh taten, ungelogen, obwohl er doch nur ein Bein besaß, denn sie mußten sich den ganzen Tag im Stehen küssen, als er mehr als sieben Kilo abnahm, vor Streß natürlich, reine Aufregung, und die Frau einmal fast ohnmächtig wurde und er sie festhalten mußte, sonst wären sie gleich ausgeschieden, gleich jetzt, er wäre bei seiner Rettungsaktion fast hingefallen, mit seinem Stahlbein, das viel zu schwer war, um damit zu arbeiten, das er um jeden Preis loswerden wollte, mit so viel Geld, wie er sonst niemals zusammenkriegen würde, seit seinem Unfall lebte er doch bloß von der Hand in den Mund, von Heute auf Morgen, die Zeit eine bleierne Gegenwart, als er eine Woche lang nicht mehr richtig schlafen konnte, Aufregung und Streß, was denn sonst, so schlecht ging es ihm da, und sie ihm Mut gemacht hatte durchzuhalten, diesen scheinbar ewigen Kuß, der gefühllos war und gefühllos machte, der einfach kein Ende fand, einen Kuß als Folter, den sie fast zwei Monate lang durchhielten, achtundfünfzig Tage, um genau zu sein, fünfhundertachtzig Stunden, fast fünfunddreißigtausend Minuten, während einige schon in den ersten Tagen aufgegeben hatten, in der ersten Stunde, in der ersten Woche, die natürlich keine Ruhetage besaß, keinen moslemischen Freitag, keinen jüdischen Sabbat, keinen katholischen Sonntag, insgesamt mehr als zwei Millionen Augenblicke, in denen einige Paare ohnmächtig geworden waren, ganz plötzlich, und zwar beide zugleich, oder sich übergeben mußten, oder sich zu streiten begonnen hatten und auseinandergingen, als wäre es für immer und ewig, während die meisten Paare einfach eines Morgens nicht mehr erschienen waren, morgens wurde bekanntgegeben, wieviele noch im Rennen waren, hart die Tage, als keiner aufgegeben hatte, Zuversicht und Hoffnung, wenn es über Nacht weniger geworden waren, und die Zeitungsleute ihn fragten, während sie sich küßten, wie es ihm ging, ihm, mit der stählernen Beinprothese, was er dächte, wie er fühlte, wovon er träumte, weshalb er hier sei, und er einfach weghörte, wegsah, innerlich wegtrieb, an nichts und alles dachte und von der See träumte, mit offenen Augen, aber es niemandem sagte, sich die Zeit vorstellte, als er noch beide Beine besaß, die offene Seefläche, die stickigen Schlafräume, der graue Sturmhimmel, die dreckigen Häfen, an die Frau an seiner Schulter, als sie ganz selig waren und sich stumm verstanden, oder auch an die tiefe Horizontlinie vor seinen Augen, die mit den Wellen leicht auf und ab schwankte, Haifa, Lissabon, Rotterdam, Recife, bis sie dann doch aufgeben mußten, weil sein Beinstumpf wehtat, weil ihn das Bein schmerzte, das er schon eine ganze Weile nicht mehr besaß, ungelogen, es war so, als nur noch vier Paare übriggeblieben waren, Scheiße verdammte, verflucht alle Heiligen, soll sie doch der Teufel holen, wobei er mit zwei gesunden Beinen sicher länger durchgehalten hätte, bis das vorletzte Paar aufgegeben hätte, als er eines Morgens aufgab, er wäre sonst zusammengesackt, und das Siegerpaar eine knappe Woche später feststand, nach zweiundsechzig Tagen, unglaublich, eine Ewigkeit aus Augenblicken, ein blasses Ehepaar, niemand hatte es beachtet, zwei graue Kirchenmäuse, ein Aschenputtelpaar, und sie sich vornahmen, er und sie, nächstes Jahr wieder teilzunehmen, um einen zweiten Kuß zu wagen, vielleicht, damit er wieder zur See fahren konnte, und vielleicht Arbeit finden, Geld haben, sich verlieben, vielleicht sogar heiraten und eine Familie gründen, wer weiß es schon, mit einem Bein aus Fiberglas kann dir alles passieren, alles Glück der Welt, damit er einen Marathonlauf laufen konnte, einmal nur, das träumte er, mit offenen Augen, er, Felix.

## Antje Telgenbüscher

# Winnetous Tod

Am Abend sollte in Göslings Saal die Dichterlesung stattfinden. Elisabeth hatte noch nie einen Dichter gesehen. Nachmittags war es drückend schwül; sie legte sich in der Mansarde aufs Bett. Halb wartete sie darauf, gerufen zu werden, halb wünschte sie sich, sie könnte bei ihrem Buch bleiben. Winnetou würde bald sterben, einen vierten Band gab es nicht. Aber noch war es nicht soweit. In diesem Sommer war Winnetou ihr Held. Sie liebte seine schlanke Gestalt, seine Kraft und seine Weisheit.

Der von nebenan war ganz anders. Ihre Mütter verkehrten miteinander, wie Elisabeths Mutter sagte. Jedenfalls kam er oft zu ihnen und ging auch nicht, wenn der Tisch gedeckt wurde. Es schmeckte ihm hier wohl besser als zu Hause. Er würde bald Abitur machen; Elisabeth war zwölf.

Als sie ihren Namen hörte, klappte sie das Buch zu, stand vom Bett auf und öffnete die Tür. Ohne ein Wort gingen sie auf den Dachboden, der voller Wäsche hing. Es roch nach feuchtwarmen Laken. »Willst du aus der Dachluke sehen?« fragte er, hob sie schon hoch und rief: »Du bist ja leicht wie eine Feder!« Seine Hand preßte ihre Brust.

Dunst lag über der Stadt, die ganz klein und zu überschauen war. Am Horizont war kein Zug zu erkennen, alles verschwamm in der Ferne. Die Hitze lastete auf den Dächern wie eine Glocke, aus der es kein Entrinnen gab. Aber ein Dichter würde am Abend kommen, er würde –

»Wie dein Herz klopft!« sagte er. Dann küßte er sie.

»Abendbrot!« rief die Mutter durchs Treppenhaus. Sie setzten sich nebeneinander an den Tisch. Der Mutter gefiel es, daß ein junger Mann sich bei ihr wohlfühlte. Elisabeths Gesicht glühte. »Wo habt ihr denn gesteckt?« fragte die Mutter, ohne eine Antwort zu erwarten, und schob beiden eine Portion Bratkartoffeln auf die Teller.

Als der Dichter quer durch den Saal zum Podium geführt

wurde, knarrten die Bohlen des Fußbodens so laut, daß Elisabeth sich schämte. Vorher hatte er durch den Schankraum gehen müssen, der von kaltem Rauch und Bierdunst erfüllt war. Ein armseliger Ort für einen wie ihn. Elisabeth hätte ihm einen hohen weiten Raum gewünscht, der mehr von einer Kirche hatte, nicht diesen muffigen Saal, in dem noch verblaßte Papiergirlanden vom Schützenfest unter der Decke hingen.

Der Dichter hatte gar nichts Besonderes an sich. In sein Haar mischte sich schon Grau. Er war ungefähr so alt, wie ihr Vater jetzt gewesen wäre, und auch so schmal wie er. Im Kleiderschrank zu Hause hing noch ein blauer Anzug von ihm, dessen groben Stoff Elisabeth manchmal anfaßte. Er nahm am Tisch neben der Stehlampe Platz, die mit ihrem hellen gefältelten Schirm in ein Wohnzimmer gepaßt hätte. Eine Vase mit rosa Nelken und ein Wasserglas waren dazugestellt worden. Die Zuhörer, die im Halbkreis davorsaßen, hatten die Hände im Schoß gefaltet und machten feierliche Gesichter. Der Dichter öffnete ein grün eingebundenes Buch und begann vorzulesen. Er sprach ruhig und machte gar nichts von sich her, wie die Mutter gesagt hätte.

Die erste Geschichte handelte von einem jungen Soldaten in russischer Gefangenschaft. Elisabeths Vater war aus Rußland nicht wiedergekommen; sie kannte ihn nur von Fotos. Während sie der Stimme zuhörte, schoben sich die beiden Männergesichter übereinander.

Die Hand auf ihrer Brust brannte. Immer hatte sie auf seine Schuhe gestarrt: vorn abgerundet, klobig und dunkelgrün. Der Jäger hatte sie gestellt und hielt sie fest. Sie hätte sich nicht wehren können, selbst wenn sie gewollt hätte. Aber sie wollte nicht. Er saß zwei Reihen vor ihr, die Mutter neben ihm. Sie sah seinen hochangeschorenen Hinterkopf. Er sollte nie mehr mit ihr sprechen. Was er sagte, war falsch. Man brauchte überhaupt keine Worte dafür.

Jetzt erzählte der Dichter von einer Klosterschule, wo die Jungen am Abend Bälle gegen die Hauswand werfen. Der eine Junge hieß Hans, er gehörte noch zu den Kleinen. Ein Großer hatte mit Kleineren etwas Verbotenes getan. Was das war, wußte Elisabeth nicht genau. Hans hatte Glück, denn er wurde nicht wie die anderen von der Schule geschickt. Der große Junge hatte ihn nur hochgehoben, leicht wie eine Feder sei er, und ihm einen Apfel geschenkt: gelb, zuckersüß und groß wie ein Kinderkopf. Hans beißt hinein, obwohl er ahnt, daß er es nicht tun dürfte.

Er sollte sie wieder küssen. Er sollte ihre Brust in den Mund nehmen und mit der Zunge streicheln, nichts wünschte sie sich jetzt mehr. Und doch hätte sie ihn am liebsten in den Nacken geschlagen, wo das Haar geschoren war. Sie überließ sich der Stimme des Dichters.

Da, wo er ihre Hand hingelegt hatte, fühlte es sich hart an und zuckte wie ein gefangenes Tier. Sie fühlte es zum erstenmal. Alles passierte heute zum erstenmal.

Morgens war alles noch wie sonst gewesen. Die Mutter hatte sie geweckt, sie hatte sich gewaschen und angezogen. Später hatte er unter dem Küchenfenster gepfiffen. Ein Thema von Johann Sebastian Bach, wie sie von ihm wußte. Er spielte Orgel, mit Bach kannte er sich aus. In der Schule hatten sie eine Mathearbeit geschrieben: Algebra, Gleichungen mit einer Unbekannten. Es war ein wunderbares Gefühl, wenn die Gleichung aufging. Mathematik war ein Kinderspiel, weil es immer eine einzige Lösung gab. Schwer war das andere: das richtige Wort herauszufinden aus der unendlichen Fülle. Der Dichter sprach sanft, aber entschieden. Wegzulassen, was auch möglich gewesen wäre, war das Schwerste überhaupt. Sie wollte so sprechen können wie der Dichter.

»Du bist ein ganz besonderer Mensch«, hatte er geflüstert und ihr Polohemd hochgezogen. Die Brustwarzen hatten sich aufgerichtet, waren fremd geworden. Sie wollte ihn wegdrängen und mußte doch stillhalten, sich ihm sogar entgegenschieben, zitternd, und wußte, daß er sie jetzt verletzen konnte, wie er wollte.

Etwas löste sich, wurde weich und weit. Als ginge endlich die Gleichung auf. Aber immer Angst, daß jemand kommen, sich den Weg durch die blendend weißen Laken bahnen und sie entdecken würde –

Er würde sie verfolgen. Er würde immer wieder nach ihr pfeifen. »Wir wollen uns einander versprechen«, hatte er gesagt und ihre Hand verlangt. Er umklammerte sie. Sie saß fest wie im Schraubstock.

Sie mußte ihn wegschieben, sofort. Wenn sie es nur könnte. So tun, als ob nichts geschehen wäre. Alles sollte wieder so sein wie am frühen Nachmittag, als Winnetou noch lebte. Aber das Buch auf ihrem Bett würde sie nicht zu Ende lesen.

Das Publikum klatschte. Der Dichter stand auf und verbeugte sich. Man drängte nach draußen. Plötzlich war er hinter ihr, sie spürte seinen Atem im Nacken. Seine Mutter sprach auf ihre Mutter ein; die beiden Frauen gingen zum Dichter hinüber, der wieder neben der Lampe Platz genommen hatte und geduldig seinen Namen in die Bücher schrieb, die man ihm vorlegte. Die Menschen betrachteten ihn ehrfürchtig.

Sie wollte nichts versprechen, sie wollte nicht unter der Glocke ersticken. Sie sehnte sich nach Algebra und Geometrie, nach einem Wald von Formeln, einem Ort, wo sie unauffindbar wäre –

Jedenfalls kommt er aus einer kultivierten Familie, sagte ihre Mutter immer. Nachmittags gab es dort Tee und geröstetes Weißbrot. Sein Mund schmeckte nach Marmelade. Seine Mutter gehörte zum Kulturring, der den Dichter eingeladen hatte. Sie hatte auch keinen Mann mehr. Wir Kriegerwitwen, hieß es immer. Charkow und der Ilmensee. Elisabeth kannte die Wörter und wußte nichts.

Er spielte Orgel, aber dafür konnte er nicht tanzen. Mit diesen klobigen, seitlich geschnürten grünen Schuhen hätte das auch komisch ausgesehen. Ein bißchen seltsam ist er ja, sagte die Mutter manchmal, irgendwie ein Sonderling. Mit seinen achtzehn Jahren! Warum hat der keine Freundin? Du bist doch noch ein Kind. Lauf nicht zuviel mit ihm herum! Dabei sah sie es gern, daß er zu ihnen nach Hause kam. Sie kochte eben besser als seine Mutter. Zu dritt spielten sie Rommé miteinander.

Der Pater Rektor sagte zu Hans, daß man auf die richtige Zeit warten müsse. »Später, wenn du älter bist, ist die Liebe zwischen einem Jungen und einem Mädchen Gott wohlgefällig.« Elisabeth hätte gern gefragt, was mit »Gott wohlgefällig« gemeint war, aber sie traute sich nicht.

Die Mutter lächelte den Dichter dankbar an. Ihr Haar bekam schon graue Strähnen. Plötzlich fragte sich Elisabeth, was sein würde, wenn sie so alt wäre wie ihre Mutter jetzt. Die Geschichten des Dichter würde es immer noch geben. Sie standen in einem

Buch mit festem grünen Einband, doch wo würde sie selbst sein? Ob sie Kinder haben würde? Es machte ihr Angst, daß etwas herausmußte, das in ihr gewachsen war. Es mußte heraus, auch wenn es sie zerriß. Es gab kein Entrinnen, auch wenn es noch unendlich weit weg war. Daß die Schulzeit zu Ende ging, konnte sie sich noch vorstellen, doch dann stand sie vor einer hohen schwarzen Mauer, über die sie nicht hinwegschauen konnte.

Ihn sah sie nicht mehr.

Den Dichter und seine Geschichten würde sie nie vergessen. Sie würde sich immer daran erinnern, wie das Echo der Bälle von den Wänden widerhallt und Hans einen Apfel geschenkt bekommt, »groß wie ein Kinderkopf und gelb wie die Sonne«, den er eigentlich nicht essen darf. Aber er tut es doch.

Er wartete am Ausgang. Sie sah seine Schuhe. Heiß schoß es ihr ins Gesicht.

»Elisabeth«, hörte sie die Mutter rufen.

Sie lief an ihm vorbei, auf den Pfiff gefaßt, der sie am nächsten Morgen die Treppe herunter und zur Schule treiben würde, ihren Formeln und den quer über die Tafel gezogenen Kreidestrichen entgegen: Parallelen, die sich dort schnitten, wo sie auch einmal sein würde. Das wußte sie jetzt.

»Kommst du, Elisabeth?« drängte die Mutter.

»Ja«, sagte sie leise.

*Hans Bender gewidmet*

Helga Pankratz

# gut kirschenessen mit maria

die jungfrau maria war auf der stelle ihr innigstes begehr gewesen, als sie sie in dem selten geöffneten wandschrank erspähte, vergraben hinter bücherstapeln und schuhschachteln voller fäustlinge, schischuhe und schneebrillen: ›in ehren gehalten‹, aber vergessen und unbenutzt hatte die madonna dort auf sie gewartet. die großmutter verstand den sehnsüchtigen kinderblick auf das dreißig zentimeter hohe, schmalgestaltige andenken an einen ausflug zur wallfahrtskirche von mariazell sofort. die großmutter hatte die gute eigenschaft, ihrer enkelin nie eine bitte, und sei es eine, die sie ihr bloß von den augen ablas, abzuschlagen. nachdenklich aber nachgiebig legte sie dem kind die madonna in die arme:

*»aber sei vorsichtig!«* – verriet sie noch ein wichtiges geheimnis: *»die muttergottes ist aus gips!«*. und, erfuhr das mädchen, gips sei so zerbrechlich wie das wertvolle feiertagsporzellan, das ja ebenfalls *»eigentlich nicht für kinder…«* sei, so wie die madonna *»eigentlich…«*

jedes weitere ›eigentlich‹ aus dem mund der großmutter steigerte den wert der madonna nur noch mehr. begierig, ›aber vorsichtig‹ klemmte sie sich die feiertagsporzellanmaria unter den arm und stieg mit ihr auf den vogelkirschenbaum im garten. behutsam verkeilte sie maria in einer astgabel, wo die heilige gefahrlos über dem abgrund schweben konnte. *nur auf den baum, nicht in die himmlischen wolken, kann ich dich heben, heilige maria,* entschuldigte sie sich. aber immerhin, mit den füßen hoch über dem erdboden: das kam, so gut sie es einrichten konnte, dem marias würdigen im himmel schweben sehr nahe. fest mußte die jungfrau in der astgabel ruhen, durfte nicht in gefahr geraten, zu boden zu fallen. obwohl, so mutmaßte sie, das saftig-hohe junigras unter dem baum weich genug sein würde, feiertagsporzellan beziehungsweise gips beziehungsweise die heilige madonna federnd aufzufangen und vor dem zerschellen zu bewahren. doch, wer warf schon feiertagsporzellan, gips oder gar die heilige madonna absichtlich auf grünes gras, bloß weil dieses nicht so hart ist wie die asphaltierten gehsteige oder kantigen randsteine, an denen sich kinder die knie blutig zu schlagen pflegten? sie nicht! es sollten ja nicht grasflecken das schöne bodenlange gewand der madonna verunzieren! sie pflückte für sich und maria die schönsten und reifsten der aromatischen vogelkirschen. *mit dir ist gut kirschenessen, heilige muttergottes*, stellte sie fest und spuckte die kerne in weitem bogen ins gras. vielleicht wüchse aus einem von ihnen ein neuer baum. das wünschte sie sich und bat die madonna, bei der erfüllung dieses wunsches nachzuhelfen.

sie war ein stilles kind. zwar sprach sie unaufhörlich mit allen ihren puppen und auch jetzt mit maria. doch ihre puppen hatten sie gelehrt, daß es möglich war, zu sprechen ohne dabei die lippen zu bewegen. damit war es vermeidbar, von erwachsenen gehört zu werden, und das war gut. denn allzu oft und allzu laut lachten erwachsene, wenn sie sie reden hörten. *›altklug‹* nannten sie sie dann, sich dazu vor heiserheit auf die schenkel klopfend, wenn sie doch bloß genau so sprach wie die erwachsenen selbst. nur weil sie erst drei oder vier jahre alt war und ihnen bloß an die kittelfalte reichte, nannten die erwachsenen ihre eigenen worte ›altklug‹, wenn sie aus dem kindermund kamen.

nachdem sie gut kirschen gegessen hatten und den künftigen kirschbaum, der erst wachsen mußte, sich selbst überließen, wollten sie ein wenig prozessionieren. allein war es unmöglich, einen ›himmel‹ zu tragen. auch wenn sie sich gut vorstellen konnte, wie ein solcher aus vier stecken und einem prächtig bestickten tischtuch mit langen seidigen fransen zu basteln gewesen wäre. es schien aussichtslos, ohne zumindest einen einzigen gleichgroßen hilfsministranten eine aufrechtstehende statue auf einer heiligen tragbahre durch den garten zu balancieren, wie das der katholische brauch an hohen festtagen war. sie entschied sich für den puppenwagen mit *›altertumswert‹*, der schon ihrer mutter gehört hatte, als diese noch ein kleines mädchen gewesen war, und deshalb ein *›heiligtum‹* und *»eigentlich fast zu schade …«*.

geschmackvoll legte sie den puppenwagen mit *»eigentlich zu schade«*-zierpolstern von der wohnzimmerbank aus. aufrecht zwischen die polster gebettet stand die madonna schließlich da. ihr haupt ragte weit genug über den rand des gefährtes, daß sie einen guten rundblick haben mochte.

*»meerstern ich dich grüße«* und *»wenn ich ein glöcklein wär ... ave-maria ...«* sang sie der madonna vor. geschmeichelt lauschte maria der gesanglichen huldigung und zitterte – je nach prozessionstempo meist verhalten, bisweilen auch etwas lebhafter – im über den kiesweg holpernden wagen nach vor und zurück, nach links und nach rechts.

des singens müde werdend, fand sie, es sei an der zeit, die prozession zu beenden. maria nickte zustimmend, auch sie wolle nun ausruhen.

*du willst sicher an einem schattigen ort rasten!* maria nickte wieder: langsam, da polstergedämpft, aber dennoch stark bewegt, kippte die madonna im entsprechend bewegten wagen weit nach vorn und sank weich nach hinten zurück. sie führte maria in den schatten des blühenden jasminstrauchs. mit den polstern aus dem wagen bereitete sie dort eine edle lagerstatt.

sie erzählte maria biblische geschichten, die die großmutter ihr vorgelesen hatte. besonders gerne hörte maria die erzählung vom kleinen david und dem großen goliath, die so verblüffend der geschichte vom tapferen schneiderlein glich. ausnehmend huldvoll lauschte die madonna. in ihrem sanftmütigen gesicht lag eine stetige heitere freude.

spät am nachmittag mußte die großmutter die trauten gespräche der beiden unterbrechen. sie hatte dringende besorgungen, und wollte das kind auf dem fahrrad mitnehmen. doch *gottseisgelobt*, maria durfte mitkommen!

während sie auf dem kindersitz des großmütterlichen fahrrads saß, preßte sie maria aufgeregt an sich, bedacht darauf, daß ihr die madonna nur ja nicht entgleite und vom rad falle. hoch aufgerichtet stand maria und ließ sich interessiert die vorbeiziehende vorstadtwelt erklären.

hingerissen vor glück küßte das mädchen die madonna auf ihre spitze kühle nase und flüsterte der gottesmutter zärtliche schmeicheleien ins hinter ihrem weißen kopftuch verborgene ohr. ihr vertraute sie alle geheimnisse an, die erwachsene als ›altklug‹ belachten, die die madonna aber verstand. zärtlich drückte das mädchen die heilige frau an sich und hielt zum summenden, eintönigen litaneigesang des fahrraddynamos in der abenddämmerung ihre selige intime zwiesprache.

maria durfte auch mit ins bett!

*heiligemuttergottes! bist du aber kalt!!* – steif, unterkühlt und angespannt fühlte sich marias körper an. sie bemühte sich redlich, maria aufzuwärmen, legte schützend ihren arm um sie, wikkelte den stoff des kindernachthemds aus flanell um marias nackte zehen, und zog ihr die decke hoch bis ans kinn. nur langsam nahm der gips die reichlich gespendete körper- und bettwärme an. um nachzuhelfen hauchte sie der jungfrau ihren heißen feuchten atem ins gesicht und auf die gefalteten hände.

*ach ... wäre das schön, wenn ich wenigstens zum schlafengehen einmal aufhören könnte, betende hände zu haben...*, seufzte maria leise.

von herzen hätte sie maria die erfüllung dieses wunsches gegönnt.

*...einmal verschränkte arme statt betende hände haben, das ist doch nicht zuviel verlangt!*, ereiferte sich maria.

*es ist eben dein heiliges schicksal,* versuchte sie maria zu beschwichtigen: *du bist eben ewig und immerdar heilig! dafür mußt du solche unannehmlichkeiten leider in kauf nehmen. – tröste dich, – denk doch an die vielen heiligen märtyrer, sie dulden schlimmeres...*

*...hach! – und immer dieses nonnengewand anhaben müssen...*, nörgelte maria unbeeindruckt weiter.

sie hatte gar nicht gewußt, daß maria mit der heiligen garderobe unzufrieden war! fast erschrak sie, als habe sich maria versündigt.

*...nicht, daß es nicht schön wäre...*, flüsterte maria monoton, *aber weißt du, es ist halt so feierlich und es ist in alle ewigkeit immer ein- und dasselbe gewand. mir geht es nicht um die mode. ich will nicht ein minirockerl oder einen kecken hut;*

*ich verlange ja nicht, wie eine barbie-puppe herausgeputzt zu werden. aber nur ein allereinziges wertvolles gewand zu haben, das ist irgendwie …*

*… du meinst, es ist schlimm, daß du niemals einen grasfleck oder marmeladenfleck hineinmachen darfst? …*, fragte sie.

*genau! – wo ich doch immer strahlend und rein sein muß, während ich im himmel regiere!*

in der hoffnung, maria damit trost zu spenden, streichelte sie über den weißbetuchten kühlen kopf und umschmeichelte mit einem finger zärtlich die linienführung von marias spitzem kinn.

*ich kann noch nicht schlafen,* sagte maria putzmunter, schlüpfte stromlinienförmig behende unter der decke hervor und machte einen kopfstand auf dem polster. der vorteil, den es hatte, aus gips zu sein, zeigte sich in dieser körperstellung deutlich: maria rutschte der rock bei kopfstand nicht hoch. tadellos saßen ihr die kleider am leib und gaben maria nicht die geringste blöße. – doch auch marias gipserne behinderung wurde gnadenlos offenbar: ein eckiger, massiver fels, ein für die feingliedrige konstitution marias viel zu schwerer sockel war fest mit marias nackten sohlen verwachsen.

*du hast ja einen klotz am bein, maria! …*, sorgsam wie eine krankenschwester legte das mädchen die bedauernswerte madonna wieder in die horizontale, deckte sie fürsorglich zu und streichelte ihr die blutleer bleiche wange: *… kommt das davon, daß du gebenedeit worden bist?!,* fiel ihr ein.

gebenedeit zu werden, das stellte sie sich stets sehr qualvoll vor. alle diese martyrien waren fürchterlich: gebenedeit, kasteit, gekreuzigt, geteert und gefedert, gesteinigt, gepeinigt, gerädert und gevierteilt.

gebenedeien hing eindeutig mit dem ›schmerzensreichen rosenkranz‹ zusammen; vielleicht auch mit der ›schmerzhaften gürtelrose‹, auf jeden fall aber mit den gebeinen oder den beinen.

*›du bist gebenedeit … und gebenedeit ist die frucht deines leibes, jesu …‹* hieß es. – ja: jesus war ja nicht bloß gekreuzigt worden, sondern vorher auch noch … *o haupt voll blut und wunden …* mit einer dornenkrone gebenedeit!! – war maria auf gleiche weise gefoltert worden? mit einem rosenkranz voll spitzer dornen auf dem haupt und einem zementblock an den füßen?!

*oh heilige maria, hilf!* dachte sie, den tränen nahe.
*»schläfst du schon?«* kam die großmutter nach ihr sehen.
*»ich kann nicht einschlafen«*, antwortete sie: *»weil maria gebenedeit ist, schmerzen ihre füße!«*

## Christine Thiemt

# Drei Schwestern

Langsam gehen die Erbinnen durch das Haus, bleiben im Wohnzimmer stehen, die Luft ist stickig, es riecht nach Jasmin, Mottenkugeln und vier Wochen Abgeschlossensein. Hermine, deren Tochter, und deren Tochter. Jemand schiebt einen der alten hölzernen Fensterläden zur Seite. Staubiges Licht fällt auf das Familienfoto. Lena, Elsa, Mali, im Hintergrund, wie immer. Lena darf ihr Haar noch nicht aufstecken. Elsa und Mali müssen es. Ab und zu tönt durch das Jugendstilhaus mit den dicht schließenden Fensterläden noch der zitternde, hohe Schrei eines kleinen Mädchens. Nein, Papa, bitte, das leise Echo wird dann von einem Zischen zerschnitten. Es stammt von der Hundepeitsche, die gegen Elsas Beine klatscht. Auf einem kaiserwappengekrönten Zeugnis ist die Eins sorgsam mit einem Tuscheradierer weggerieben und eine Zwei darübergemalt worden. Elsa wimmert leise, während ihr Vater sie schlägt, für das Verbrechen, mit ihrem Cousin nackt im Fluß gebadet zu haben. Ein unauffälliger Mann ist ihr Vater, ein weißlicher Haarkranz und eine Goldbrille hätten ihm vielleicht ein etwas würdevolleres Aussehen geben können. Unglücklicherweise hat er dichtes Haar und ausgezeichnete Augen. Fast ebenso ausgezeichnet wie die der Lehrerin, die die beiden Kinder im Wasser planschen gesehen hatte. Die Mutter versucht, die Peitschenhiebe nicht zu hören, sie tun ihr weh. Eine Zwei in Betragen, sagt die Mutter, ich schäme mich für dich. Du hast eine schwere Sünde begangen, sagt der Priester im Beichtstuhl. Du sollst nicht Unkeuschheit treiben. Haben deine Eltern dich auch geschlagen, fragt Mali später ihren Cousin. Nein, wieso? Kannst du mir erklären, was Unkeuschheit ist, Franz? Klar, wenn du mir dafür zehn Heller und dein Bilderbuch gibst.

Malis Blick ist hochmütig, stolz, sehr gerade. Auf Fotos darf sie es wagen, so auszusehen, weiß Mali, da ist an der unpassenden Miene eben der Fotograf schuld, der im unpassenden Moment abgedrückt hat. Lena bemüht sich, nicht auf den Boden zu blikken. Elsa bemüht sich, nicht auf Franz zu blicken. Richard ist gefirmt worden, er hält die Hand seines Firmpaten, Onkel Ludwig. Der Onkel sitzt rechts, die Mutter links, schwanger mit Udo noch ohne es zu wissen, und der Vater ziemlich nichtssagend in der Mitte. Franz, Onkel Ludwigs Sohn, hat sich hinten neben die Mädchen gestellt.

Auf dem Foto vom folgenden Jahr ist der kleine Udo, im Taufkleid, das einzige männliche Wesen, das keine Uniform trägt. Daß der Vater fehlt, merkt man erst auf den zweiten Blick. Elsa hat sich bei Franz eingehakt. Offiziell verlobt, sie trägt einen grauglänzenden Ring, Gold gibt sie für Eisen.

Elsa begleitet Franz an den Krakauer Zug. Die Kameraden fangen drinnen an, Skat zu klopfen, Unter, Ober, König, Daus. Wollen wir zu Weihnachten heiraten, Elsa? Es riecht nach Rauch und nach dem Blumenkranz, der vorne an der Lok hängt, der Zug liegt dampfend auf der Lauer. Jemand pfeift. Drei Lilien, drei Lilien, die pflanz mir auf mein Grab, juvallera. Die Lokomotive pfeift mit, stampft aus dem Bahnhof hinaus, Elsa seufzt, vor Angst oder vielleicht vor Erleichterung.

Nähmaschinenrattern. Ihr seid anständige Mädchen. Ihr braucht nichts zu lernen. Militärkrägen. Helden an der Front, Heldinnen an der Nähmaschine. Im Laden hängen Schilder, Milch und Margarine ausverkauft, Zucker und Persil ausverkauft. Einmal sticht Mali sich in den Finger, Blut sickert in den steifen Stoff, das erste. Die Näherinnen erhalten einen halben Heller das Stück.

Ihr braucht nichts zu lernen, ihr heiratet ja doch. Guten Morgen, Fräulein Lena. Guten Morgen, Frau Koslowski, ich hätte gerne einen Hut für den Winter. Einen grauen. Frau Koslowski trägt Lenas Kopfweite in ein kleines Buch ein. Einige Tage später trägt Lena lange Zahlenreihen in lange Listen ein. Kann ich bei Ihnen arbeiten, Frau Koslowski? Die Buchhaltung für Anfänger liegt aufgeschlagen auf dem Verkaufspult, wenn Lena Hüte zureicht. Sie bringt jeden Morgen einen Scheffel Kohlen von zu Hause mit. Es ist ihr trotzdem noch kalt. Briefpapier knistert. Paul hat die Fahrkarte, liest *die Modistin*. Wer ist Paul? Mein Neffe. Fahrkarte, so heißt der Heimatschuß. Paul hat eine graue

Mütze auf und darunter ein graues Gesicht. Ängstlich gehorteter Kaffee schlägt Wellen im Emailtopf. Wo wohnen Sie, Fräulein Lena, ich bringe Sie nach Hause.

Der kleine Udo krepiert an Tuberkulose und Richard am Isonzo. Schön ist der Hofgarten im späten Frühling, das Orchester im Pavillon spielt. Der ist ganz langsam, der geht vielleicht mit deinem Bein. Ich kann doch gar nicht tanzen. Ich auch nicht, lacht Lena. In der Mitte des Brunnens kniet die Prinzessin aus weißem Marmor, der Froschkönig bringt ihr den goldenen Ball herauf, ich liebe dich, ich liebe dich auch.

Elsa hat aufgehört zu schreiben, seit ihr dritter Feldpostbrief ohne Antwort geblieben ist, sie gibt ihren Ring an Lena weiter. Sammelt Obstkerne, steht auf einem Plakat, mit genauen Anweisungen, wie man die Kerne zu putzen hat, damit sie sich für die Speisefetterzeugung eignen. Der Doppeladler verliert einen Kopf, man sammelt sich auf den Marktplätzen und wartet darauf, daß der Himmel einstürzt, und als er Volk und Land diesen Gefallen nicht tut, weiß niemand mehr etwas anzufangen mit dem angebrochenen Tag und dem zerbrochenen Leben. Ich verstehe nicht, was Sie meinen, Fräulein Lena, es ist doch klar, daß ich Sie nicht mehr brauche, jetzt wo die Männer aus dem Krieg heimkommen.

Franz bringt einen erbeuteten Samowar und kommunistische Ideen aus der Gefangenschaft mit, worauf Elsa aufatmend die Verlobung löst. Sie hat gehört, daß die Ursulinerinnen eine Ausbildung zur Lehrerin bezahlen würden.

Der Arzt schlitzt Malis Finger auf und zieht den Eiter heraus. Ihr Arm liegt in der Schlinge, der Herr sitzt immer noch im Wartezimmer, obwohl er vor ihr dran war. Es regnet, haben Sie einen Schirm dabei, mein Fräulein? Mali hat keinen Schirm dabei. Kommen Sie, trinken wir einen Tasse Tee, oder Punsch, wenn Sie mögen. Eine Visitenkarte in Malis Hand. Der Herr Kommerzienrat wird Sie gleich empfangen. Das Dienstmädchen nimmt Mali den Mantel ab. Ich wollte mich nur bedanken wegen gestern. An der Wand hängen Hirschgeweihe. Schnallen en gros, erzählt Erwin, Schnallen für Gewehrriemen, für Tornister, weiß der Himmel wofür noch, der Export läuft auch wieder an. Können Sie zufällig Französisch? Mali kann Französisch.

Er könnte dein Vater sein, Mali. Ich weiß. Er ist doch verheiratet! Ich weiß.

Such dir etwas aus. Diesen hier, mit den Federn. Sie haben Geschmack, meine Dame, sagt Herr Koslowski und sucht vergeblich nach einem Ring an Malis Hand. Er macht einen Diener vor Mali, als Erwin mit einer Dollarnote bezahlt. Schön ist Nizza im Sommer. Heiß und blau, Mali gewinnt ihren Einsatz am Roulettetisch zurück, der Schweiß bekommt einen ganz eigenen Duft, und einmal liebt sie Erwin im Stehen, an der Wand lehnend in kornfarbenem Chiffon.

Paul ist dem Schutzbund beigetreten. Lena kommt mit zu den Vorträgen im Gewerkschaftsheim. Zum hundertsten Mal, ich kann dich nicht heiraten bei diesem Gehalt. Ich kann doch auch arbeiten, ich bin fast eine richtige Buchhalterin. Meine Frau wird nicht arbeiten gehen, basta.

Sie ist entzückend, sagt Erwin. Elsa verläßt das Kloster, undankbares Geschöpf, läßt sich von uns ein Studium bezahlen und geht dann weg, sie hilft Mali mit dem Kind. Erwin hat das Haus gekauft, zwei Jahre später kann man für denselben Betrag kaum mehr ein Gulasch und ein Krügel Bier kaufen. Bei der nächsten Reise an die Cote d'Azur sitzt Hermine im Auto auf Malis Schoß, vor allem mag sie es, wenn der Hispano-Suiza schnurrend auf den kurvigen Straßen zickezackt und der Vater später im Hotel Pralinen und heiße Schokolade für sie bestellt. Mali trägt weich fließende Kleider und Bubikopf. Elsas Haar wächst wieder. Elsa schämt sich für Mali und bewundert sie, ihrer Meinung nach muß Mali die einzige Frau in ganz Innsbruck sein, die weiß, wie man Muscadet schreibt. Seine Frau ist schwer krank, heiratest du ihn, wenn sie stirbt? Um mich kümmert er sich, um seine Frau kümmert er sich nicht, vielleicht wird er sich um mich auch nicht mehr kümmern, wenn ich seine Frau bin. Als Paul genug verdient, ist Lena zu alt, um Kinder zu bekommen. Ich will nicht, daß du dich so oft mit der Hermine sehen läßt, der Kommerzienrat trägt seit neuestem so oft weiße Stutzen. Lena schweigt. Beim Sturm von Polizei und Heer auf das Stammlokal der illegalen Schutzbündler wird Paul niedergeschossen, halt den Mund, wenn ich ins Spital gehe, verraten die mich, Lena verbindet ihm den Arm.

Hermine wird etwas lernen, ich habe ja nur gelernt, Krägen zu nähen und mich aushalten zu lassen. Hermine bekommt gute Zensuren auf der Handelsschule. Das mahagoniverschalte Radio tönt in das abgedunkelte Zimmer, daß die Gerüchte von Arbeiterunruhen von A bis Z erfunden seien, daß wir der Gewalt weichen, ich verabschiede mich vom Volk mit einem deutschen Wort und einem Herzenswunsch, Gott schütze Österreich, Erwin und Paul holen die Anstecknadeln mit dem Hakenkreuz unter ihren Revers heraus, Sieg heil.

Nach fünf Uhr morgens wird an der polnischen Grenze zurückgeschossen. Was ist er denn für ein Landsmann, Hermine? Preuße. Der Bräutigam trägt Uniform. Hermine erhält auf dem Standesamt einen goldenen Ring, eine Ausgabe von *Mein Kampf* und einen Bildband mit dem Titel *Heiliges Mutteramt*, nach neun Monaten telegrafiert Hermine ins besetzte Frankreich, daß Ute acht Pfund wiegt.

Als Erwin stirbt, im zweiten Kriegswinter, fehlt Malis Name auf der Hinterbliebenenliste, beim Begräbnis starrt sie die kommerzienrätlichen Verwandten an, hochmütig, stolz, sehr gerade, sie hustet. Hermine wird dienstverpflichtet, Elsa muß sich um die kleine Ute kümmern, Elsa gibt die Hoffnung auf, ihre Gelübde doch noch abzulegen oder sonst noch irgend etwas tun zu dürfen, es geht alles vorbei, zuerst geht der Führer und dann die Partei. Malis Schwiegersohn wird nicht ausgewiesen, obwohl er Reichsdeutscher ist, ihr solltet noch kirchlich heiraten. Mali hustet schmerzrote Flecken auf die weiße Seidenbluse, die Nelken des ersten Friedenssommers überdecken mit ihrem Duft den Blutgeruch. Die neu aufgebauten Friedhofsmauern in der Preglstraße werden frisch schönbrunnergelb gestrichen. Mali stirbt drei Jahre nach Kriegsende an Tuberkulose.

Elsa wirft nie etwas fort, nach dem heißen Sommer zweiundsiebzig fangen die Ostereier zu riechen an. In dem großen rosa Haus, wo man Elsa hinbringt, schweben Wolken im Flur, alle verwechseln Zeit und Raum, sogar die Pfleger. Besuch ist in der Psychiatrie nur einmal im Monat erlaubt, Eichhörnchen turnen im Anstaltspark herum und werden von Utes Tochter gefüttert, irgendwie ist Elsa längst verschwunden, bevor sie am ersten kalten Tag beerdigt wird. Lena verschwindet neun Jahre später auf ähnliche Weise, sie ist lange im Krankenhaus gewesen. Auf einem Tisch steht eine Vase mit getrockneten Nelken, als die Erbinnen langsam durch das Haus gehen, Ute streichelt das englische Teegeschirr.

Jemand nimmt das Foto von der Wand.

## Sonja Röder

# Lebens(hin)länglich Lebens(ge)läufiges

Der Vater spielt gerne Dame. Spielt gern an Damen. Spielt an der Dame, die die Mutter ist. Der Vater springt auf die Dame. Er will seinen Schwanz gut verstauen. Springt also in die Dame, überspringt die Dame. Schließlich: eine einfache Rechnung: das nächste Mal bist du dran. Dieser Orgasmus aber ist meiner. Wer schneller hüpft, wird gewinnen.

Wir ziehen den Schwanz ein, denn dieses Spiel ist hier nun zu Ende. Gewonnen: hat der Vater. Damen liegt gemeinhin nicht soviel am Orgasmus. Der Korb mit der Bügelwäsche, und nebenan plärrt auch noch das Kind. Vater bügelt auch: Er walzt das Brett platt auf dem er liegt. Nächstes Mal bist du dran. Dann wirst du dran glauben. So schrumpelig der Stab des Papas. Eben stand er doch noch. Verloren hat diesmal die Mama. Wie eine Eins.

Eine Waschmaschine bei 60°. Fertig, bereit zur nächsten Runde. Dank Persil, dem guten.

Der Geschlechtsakt: ein Wunder. Wasser zu Wein und Liebe zu Sperma. Puh, stinkt das hier.

Der Vater packt sich in die Hose, Penis beiseite. Mal sehn, wie Gladbach gespielt hat.

Zerknittert und faltig die Mama, nicht aber die Wäsche. Die ist bald wieder rein. Wie es sich gehört. Vater will auch bald wieder rein. Wie es sich auch gehört. Nach der Sportschau. Einst hatte es Lust, jetzt hat es keine mehr – was ist das? – Richtig, die Mama.

Über die allmähliche Wandlung von Liebe zu Sperma. Unter besonderer Berücksichtigung der Borussia. Wer schon einmal geboren hat, dem ist die Lust eh vergangen. Mütterlust gibt Frust und gehört sich auch nicht. Schäm dich was, und das in deinem Alter.

Bierschriften. Etwas war sie schon IMMER eigen. Das wollen wir hier einmal festhalten. Wann war der Anfang von immer.

Mit den Sätzen den Vater kaputt. Die Sätze nicht zu Ende.

Mißachtete Korrekturvorschriften. Was da doch der Stab in der väterlichen in der Hose der Schwanz vom Vater. Soldaten die gehorsam sind. Bauern im Spiel die Soldaten an vorderster Front. Ihre Schwänze Nachfahren vom Schwanz des Vaters des Allmächtigen der von uns geschieden sitzet sehr zur Rechten und anruft einklagt Fleisch Name Blut seine Möse seine eigene sein Eigentum wenn auch untergebracht woanders per Ehe erworben so wenig Löcher die mir offenstehen wichtiger ist als die Borussia irgendwie muß man ihn ja unterbringen du trägst noch immer meinen Namen durch göttliches Recht was Recht ist muß bleiben was Recht ist alles was Recht ist mein Recht doch mein Gutes.

Schlaf gut. Was Schönes träum.

Am Anfang waren Maden im Knäcke waren am Anfang das bedeutet im Knäcke Maden nichts Gutes.

Wenn denn Knäcke ein Zeichen ist bedeutet es Maden mit Sicherheit nichts Gutes. Sie bewirbt sich und Besuch kommt. Das ist verwirrend und stört beim Bewerben. Man muß protzen mit Nüchternheit. Sachlichkeit will demonstriert sein. Angst ist da, soll darf aber nicht ans Licht. Mit Sicherheit nichts Gutes. Sie rechtfertigt, erklärt, legt dar. Macht einleuchtend: sich.

Immer wieder bringen Vater, Mutter, Bruder, Schwester stillschweigend Einwände vor. Ihr Sinn: gefährdet. Ersatzstellenlos ist gegen die Norm. Warten auf Post, die den Freispruch vom Studium bringen soll. Sie will Bücher lesen, nur zu kaufen durch Arbeit nur zu lesen ohne Arbeit. Mit Sicherheit nichts Gutes. Keine Zusage will sie eigentlich nicht besser nicht lieber nicht. Maden vorm ersten Kaffee. Das Radio bringt Rußland. In der Küche kämpfen Sowjets gegen Russen. Eher lieber nicht. Dann Besuch. Im Keller: Katzendreck. Die Welt brennt. Die Börse runter, der Dollar rauf: Wegen Rußland. Wer weiß wo Gorbatschow geblieben ist weiß keiner. Sie bringt Einwände von Eltern vor, die diese nicht vorbringen, die sie aber widerlegen kann. Ein Sowjet gegen einen Russen. Die Mutter hat Urlaub. Maden sind Maden da, überall. Tausend und nicht abermals tausend.

Ich gegen mich. Lachen ja die Hühner wäre ja gelacht. Viel Zeit ist nicht mehr. Seit sie keine Zeit mehr ist hat nicht mehr viel

Zeit. Drei vier Bier. Motten sind nichts gegen Maden. Wer eine Geschichte hat auch Zeit. Brandwunden in der Decke. Rußland ist weit oder im Fernsehen.

Sie übt Mitleid probehalber. Zerkratzte, zerfurchte, aufgerissene Haut ist aber näher. Konkretes Blut ist im Gesicht. Mama, die auf dem Kopf der Schwester eine Motte zerdrückt. Da weiß man wenigstens wo sie ist. Mit Sicherheit ein Zeichen, bloß, was will es uns sagen, wenn nicht gar ein Symbol.

Schon wieder ist mit paar Sätzen die Richtung vorgegeben. Die Richtung stinkt nach Defätismus. Stinkt wem?

Pessimismus. Der Schandfleck Angst. Hat vielleicht der Vater Angst, hä die Mutter Angst des Bruders Angst tief unten die der Schwester. Meine Angst deine Angst für uns alle da die Angst. Sie: Weltmeister im Angsthäufen. Dabei: sie: ein lustiger Mensch alle Angst ihre. Das geht.

Laß dich bloß nicht aufs Schachspielen ein. Ein Vater ist geschieden nicht aber von ihr. Immer ist er bei ihr. Er faßt sie sicher er hält sie warm im Arm. Heiß hält er sie umfangen. Denkt sie an ist ihr heiß. Einfach krank der Vater. Er prügelt droht greift an haut zu er säuft ersäuft im Suff geht baden im Schnaps geht einfach krank geht baden. Nicht haltbarer Haß, wie schade! das ist kann niemand ermessen schade kann keiner eigentlich schade eigentlich. Sechsundsiebzig Haß nach Adam Riese pro Schlag ein Haß pro Stoß drei Haß über alles und wohin mit alledem. Nimmt kein Ende und der Vater rutscht drüber. Diese Seite kein Schwein ahnt was so eine Seite kostet. Der Vater ergeht vergeht sich. Seine Tochter weiß nichts weil sie hat nichts und kann sie nichts um nicht zu sagen nix solange du die Füße in Zahlen: nichts unter meinen Tisch. Ihre Bewerbung sagt mir zu sag ich zu. Die Stelle hat sie. In Worten: nichts. Der Vater ist kein Wandersmann ein Schwein ist er. Dieses Schwein. Mama schnarcht. Eigner Tisch ist Goldes wert trotz abgehackter Füße. Der Bruder: legt die Füße auf den Tisch. Brüder umgehen ätsch das Problem.

Druck Blase Druck Gesicht. Versteh einer Brüder Väter versteht kein Mensch sollte doch der Geschlechtsakt etwas Befreiendes die Mutter liegt wie tot. Papas Rammen hat was Durchschlagendes. Durchdringend, durchbohrend. Er wertet es für sich, wenn Mamas Atem schneller geht. Mama schnarcht und hält sich im Arm. Wir wiegen und tanzen und singen uns ein. So viele Mutter-Freunde vater-ähnlich. Nehmen sich das Bett, bügeln herüber weißt du, ich hab da eine Frau kennengelernt, die. Versteh, besser zu bügeln ist, Du verstehst. Tränen sind eine schlichte, aber angemessene Form der Reaktion auf den Verlust eines wertvollen vermeintlich wertvollen Menschen mehrerer wertvoller Menschen. Sei nicht bös, findet sich einer, der auch deine Wogen glättet. So viele Bügler! (In Klammern: Andere Mütter haben auch noch Bügler.) Ruhig und fest der Atem der Mama.

**Aber- und Abermalsglaube (Modell I)**
Lust kommt.
Mama bekommt Lust.
Sie bekommt einen Freund.
Der kommt, um die Lust zu stillen (seine).
Der Freund kommt.
Der Freund vergeht sich an.
Der Lust, der Mama.
Der Lust der Mama.
Ihm kommts.
Vergeht sich.
Lust vergeht.
Lust geht.
Der Freund auch.

Die Mama, die nicht alt sein will, es aber wird. Sie hat ein umgebautes Elternhaus. Gut leben hängt nie am Geld. Mama trägt immer Geld auf der Zunge. Manchmal steckt sie die Schulden heraus.

**Modell II**
Das Elternhaus wird gebaut und bezahlt. Es wird voneinander geschieden und nochmals bezahlt. Das dauert. Das kostet. Was alles wann wie oft oft wie viel kostet. Zahlbar in Knochen. Zahlbar an Väter, die nichts zahlen für Kinder. Väter zahlen fürs Scheiden in Schnaps, den sie trinken. Väter sind dann krank und

ohne Arbeit. Zum heulen und zahlen nichts für Kinder, die Kleinen, die heulen. Währungseinheit Nerven. Gut leben hängt doch am Geld. Was lernen wir daraus.

So eine Ratte setzt sich im Zug neben sie. Darf er das. Der Schaffner kontrolliert sich nur an den Fahrscheinen. Die Schnapsfahne ist zahlender Fahrgast. So einen Schein kriegt fast jeder. Reist man mit Bildzeitung kostet nichts extra. Auch das Dosenbier reist umsonst. Der Schaffner fragt nicht, warum der Schnaps mit IC verreist, wo er doch rückständig ist im Unterhalt. Der ganze Waggon voller unterhaltspflichtiger Väter: ein Skandal. Das wird sie der Mutter erzählen, die es nicht trösten wird.

Warum setzt sie sich nicht einfach weg vom Unterhalt. Setzt sich über den Unterhalt hinweg. Übrigens lebt Gorbatschow. Tot ist hingegen der Kommunismus. Gesagt. Das Weltgeschehen kann man dem Kölner Express entnehmen. Man muß es aber nicht. Der neben ihr zieht den Rotz durch die Nase. Wenn Alkoholismus eine Krankheit ist, was er ist, ist dann auch der Schnaps auf der Hose ein Symptom. Das Zugpersonal tut kund obschon es nichts davon weiß, daß wir gleich in Düsseldorf sind. Weiß der Himmel was wir da sollen nie weiß das Zugpersonal von irgendwas. Am Schluß hat es nie was gewußt.

Kinder zahlen die Scheidung wahlweise mit Vätern oder aber mit Müttern. Ratenzahlungen oder Rattenzahlungen. Rotz. Neben ihr wird gerotzt. Selber schuld, in jedem Fall. Manche Kinder zahlten gerne Vater und Mutter in bar wenn nur endlich, scheiden tut nicht weh. Man läßt sie aber nicht.

Voller Themen aber ohne Geschichte.

Optimismus steht ihr nicht. Das steht fest kein Grund zu. Witz wäre schon schön wenn sie ab und an und zu einem hätte. Kommt A zu B sagt B zu A. Aber bleiben wir ehrlich: kein Witz. Wäre schon eine halbe eine Geschichte schon gelogen.

Gemüt, Brust, Bauch: dieses hitzige ewige Gefühle. Iiih dieses Gewinsel von Innen. Väter verschaffen sich Zugang zu Frauen zu Häusern zu Frauen die dann Mütter zu Töchtern eignem Fleisch und Sperma eine Investition für die Zukunft. Die Ejakulation als solche betrachtet. Auf dem Fleck treten und nicht weiter schon eine Zeit Jahre halt schnell ein anderes Wort für Seele die sinn- und sachverwandten Wörter und das Bier helfen hier weiter am Morgen der erste Arbeitstag, und kurz ist die Nacht.

Wer hat was gegen Gefühle kein Mittel erfunden kein Kraut was wächst. Sinne will sagen Verstand sind beieinander zu halten das ist ein Befehl, und Gleiches gilt für Geld. Hier mag einfach nichts geschehen alles ist schon widerfahren mag sich nichts ändern hat sich abgespielt gelaufen verspielt zentrale Vokabeln, Metaphern: keine.

Alle Ejakulationen schon gelaufen freilich paar Partien noch offen, wer spielt welchen Part, zugegeben eine Frage offen. Unerhört sind höchstens die Bitten, Begebenheiten sind es selten oder sagen wir nie besser weil treffender nie.

Das Bier alle. Alles Bier ist alle. Rückstände im Unterhalt schocken allenfalls die Mama, nicht aber die Tochter, die längst Geld, nicht aber Brot unser tägliches verdient. Gebrechlich die Sätze irgendwie fehlt der Klebstoff aus dem die Träume sind irgendwie die Zeiten die Vergangenheit Sinn Zukunft eben Anfang und Ende eben. Es muß aber sein: Keine Geschichte so lautet die These muß sein. Kippen halb geraucht schon schlecht schon wieder ein ungelesenes Buch auf der Strecke geblieben aber viel unschuldig weißes beschmutztes Papier. Ein Druck- und Angsterzeugnis.

Edda Helmke

# Wiedersehen in Padua

Der Bahnhof ist größer als erwartet. Ich taste nach dem Zettel mit Stefans Adresse in meiner Jackentasche. Non parlo italiano. Wo ist der Taxistand? Die Tasche zerrt an meinem Arm. Ende Oktober braucht man auch in Norditalien warme Pullover. Das Kratzen im Hals, das ich auf dem Münchner Bahnhof bemerkt habe, hat sich zu einem leichten Schmerz verdichtet. In der Nacht im Liegewagen hat es gezogen.

Hallo, Susanna. Ich bin Jim. Gib mir deine Tasche. Erleichtert schüttle ich die dargebotene Hand. Jim, den Kanadier, mit dem Stefan sich die Wohnung in Padua teilt, kenne ich flüchtig aus Stefans kargen Erzählungen. Dieser Jim ist fast zwei Meter groß und hat leuchtendrotes Haar. Er geht leicht vornübergebeugt. Auf dem Rücken seines bunten Wollblousons ist das Emblem eines Footballclubs aufgenäht. In der Hand hält er mein silbergerahmtes Foto, das ich Stefan im letzten Herbst vorsichtig zwischen die Pullover in seinem Koffer geschoben habe. Stefano ist in einer wichtigen Vorlesung, hat erst am Nachmittag frei. Stefano, wiederhole ich. Jim lacht. Hier nennen ihn alle so, du wirst sehen.

Die Wohnung am Ponte Molino besteht aus einer Küche und zwei winzigen Zimmern im obersten Stockwerk. Dicke Mauern, kleine Fensterlöcher, eine Mischung aus Höhle und Nest. Jim zündet eine Kerze an und brüht Kaffee auf. Die Wohnung ist von Gina gemietet, einer Freundin. Gina ist Medizinerin, wie du, Susanna. Jim stellt mein silbergerahmtes Foto auf Stefans Schreibtisch, wo es zwischen den Bücherstapeln verschwindet. Erschöpft lasse ich mich auf die Matratze am Boden fallen, vergrabe mein Gesicht im Bettzeug, sauge Stefans Duft ein. Ich erhasche noch einen Blick von Caravaggios Amor, als Poster über mir, unheilvoll bleicher Körper in der Dämmerung, bevor mir die Augen zufallen.

Ein Lichtstrahl im Türspalt weckt mich Stunden später. Im

Schein der Küchenlampe schnippeln Stefan und Jim Gemüse. Kartoffeln, Tomaten, Zucchini, Paprika. Stefans Locken, die er im Nacken mit einem Gummi zusammengebunden hat, schimmern golden. Seine Stimme am Telefon klang samten: komm nach Padua, und du wirst alles verstehen. Meine Stimme tönte gereizt und schrill, als ich antwortete. Ich kann jetzt nicht weg, mitten in den Examensvorbereitungen. Wir hatten Wochen Zeit zum Reden. Dann bin ich zum Bahnhof gefahren und habe eine Hin- und Rückfahrkarte nach Padua gekauft.

Der Gemüseeintopf ist warm und mild in meinem wunden Hals. Jim und Stefan reiben frischen Parmesan auf ihre randvollen Suppenteller. Nimm, das ist lecker, sagt Stefan und reicht mir die Käsereibe. Dann machen wir uns auf den Weg in eine Weinstube. Sie gehört dem Onkel und der Tante von Gina, der Freundin, die dort abends arbeitet. Die Jungen reden pausenlos von Gina, während wir lose nebeneinander durch die Laubengänge schlendern, die die Gehwege bilden. Ich habe die Hände in die Jackentaschen gesteckt.

Gina steht hinter dem hellerleuchteten Tresen. Ciao Stefano, ciao, Jim, ruft sie uns zu. Das ist Susanna, ruft Jim zurück. Ciao, Susanna! Ein Tischchen im Hinterzimmer, rohes, von Tabakrauch geschwärztes Holz, drei Hocker, aus Feldsteinen gemauerte Wände, ein von Spinnweben behangenes Flaschenlager unter der Decke. Die Jungen trinken Fragolina, Erdbeerwein, aus Keramikschalen. Gina bringt einen Teller mit Gewürzplätzchen, und sie tunken die harten Plätzchen in den schweren, sirupartigen Wein. Gina bringt mir ein Glas trockenen Weißwein und erkundigt sich nach der Reise. Sie ist größer und schlanker als ich, mit hüftlangem Haar und einem schmalen Madonnengesicht. Stefan muß los. Er hat eine Stelle als Nachtportier im *Old Vienna*, einem Hotel um die Ecke. Für das zweite Semester in Padua bekommt er kein Stipendium mehr. Das zweite Semester war im Studienplan nicht vorgesehen. Während wir Urlaub auf La Gomera machten, konnte Stefan mir nicht erklären, warum er nach Padua zurück mußte. Wir liefen drei Wochen nebeneinander her, ohne uns bei der Hand zu nehmen. Wir saßen uns stundenlang sprachlos in Bars gegenüber, und wenn wir nachts miteinander schliefen, berührte er mich kaum.

Am nächsten Morgen weckt er Jim und mich mit frischen Brioches und schlüpft in das Bettzeug, dem ich gerade feucht und fiebrig entstiegen bin. Auf Zehenspitzen verlassen Jim und ich die Wohnung. I show you Padova, it's wonderful, sagt Jim. Wir kaufen zwei Eintrittskarten für die Scrovegni Kapelle, über deren Fresken Stefan die Arbeit geschrieben hat, die ihn nach Padua führte. Dann bringt Jim mich zu der berühmten Basilika des heiligen Antonio. Auf der Piazza vor der Kirche drängen sich italienische Seniorenvereine um die Andenkenstände. Die Frauen kaufen Blechmedaillons mit Heiligenbildchen, muschelbesetzte, silbrig glänzende Kunststoffkruzifixe und Kerzen. Die Kerzen legen sie in der Kapelle des heiligen Antonio auf den Opfertisch. Ich lese die bebilderten und gerahmten Dankesbriefe, die an der Rückseite des Altars befestigt sind. Danke, heiliger Antonio, daß mein Sohn den schweren Autounfall überlebt hat. Danke, daß ich im Alter von 73 Jahren mein Augenlicht wiedergewonnen habe. Mein Bitten hat geholfen. Und mein Bitten? Gib mir Stefan zurück. Laß Stefan endlich sagen, was er mir zu sagen hat. Und alles wird gut. Während wir zu Füßen des bronzenen Gattamelata von Donatello auf dem Kirchplatz eine Zigarette rauchen, bettelt uns ein Betrunkener an. Er ist jung, hat einen grasgrünen Pullover um die schmalen Hüften gebunden. Als Jim sagt, non parliamo italiano, prostet er dem Gattamelata auf dem Bronzeroß mit seiner Bierflasche zu und haut ab.

Im 16. Jahrhundert war das Sezieren von Leichen durch die Kirche verboten. Daher schafften die Paduaner Studenten heimlich gestohlene und gekaufte Leichen in ihren medizinischen Hörsaal. Bei Kontrollen versenkten sie diese durch eine Falltür in eine Vertiefung unter dem Seziertisch. Leider sind die historischen Räume der Universität zur Zeit wegen Renovierung geschlossen. Ich lehne mit dem Rücken an einer Säule und lausche der lebhaften Stimme der Italienerin, die einer Gruppe stumpfgesichtiger Deutscher die Geschichte der Paduaner Universität erzählt. Keiner scheint sich dafür zu interessieren, was sie sagt, aber ich ernte mißbilligende Blicke für unbefugtes Mithören. Erschöpft rutsche ich mit dem Rücken an der Säule hinunter, lasse mich auf die Bodenplatten fallen. Jim zieht mich hoch, zieht mich rüber an die Bar des *Petrocchi*, das berühmte, das wunderschöne, rotplüschige Café *Petrocchi*, und flößt mir Kaffee mit Milch ein, serviert von einer Blondine in Stewardessenuniform, die auf dem Weg zwischen Espressomaschine und Theke die Absätze knallen läßt. Im Dom treffen wir wieder auf den deutschen Trupp. Plötzlich fangen sie an zu singen, von Vöglein, Wäldern und Tälern. Fluchtartig verlasse ich die Kirche, stürme über die Piazza Duomo, ohne nach rechts oder links zu sehen, nehme den ersten Torbogen, stolpere über einen auf dem Boden kauernden Mann. Fluchend richtet er sich auf, zieht die Nadel aus dem Arm und schmeißt sie auf die Erde. Er zerrt ein zerknülltes Tuch aus der Hosentasche, tupft sich damit die Armbeuge ab und tritt hinaus auf den Domplatz. Ich laufe weiter in entgegengesetzte Richtung. Am Ende des Durchgangs schimmert Grün. Auf einem kleinen, baumbestandenen Platz werden Ledergürtel und bunte Filzpantoffeln verkauft. Gepflegte Studentinnen in dunkelblauen Blazern stehen zwischen den Ständen und plaudern. Warte doch, keucht Jim hinter mir, ganz außer Atem, und hält mich am Arm fest. Er möchte am Palazzo della Ragione Maronen kaufen. Die Maronen werden in großen Blechpfannen über brennenden Fässern geröstet. Hin und wieder schleudert einer der Maronenverkäufer eine Pfanne in die Luft, und ein Schwarm schwarzbrauner Maronen fliegt in den warmblauen Abendhimmel und wird wieder aufgefangen. Damit die verkohlten Schalen abfallen, sagt Jim. Plötzlich sehe ich den Bettler von der Donatellostatue neben uns. Flink bückt er sich nach den Maronen, die aufs Pflaster gefallen sind und steckt sie in die Hosentaschen. Jim und ich teilen uns eine Tüte. Eine zweite trägt Jim vorsichtig in der Innentasche seiner Jacke. Für Stefan.

Im *Al pero*, dieser riesigen Trattoria, in der die Kellner hemdsärmelig mit schweißüberströmten Gesichtern von den Tischen in die Küche und wieder zurück rennen, essen Stefan und Jim fast jeden Abend. An der Theke steht ein graubärtiger Penner mit hochgekrempelten Hosenbeinen. Seine Waden sind von Ekzemen bedeckt. Für einen Tausend-Lire-Schein läßt er sich einen Plastiknapf mit Nudeln und Fleisch vollschaufeln, den er schlurfend an unserem Tisch vorbei ins Freie trägt. Stefan, Jim und ich löffeln Tortellini in Brühe. Ich sage, daß mir Padua gefällt. Wir müssen unbedingt einen Ausflug nach Venedig machen, sagt Jim. Ich kann kaum schlucken. Etwas später kommt Gina. Es ist ihr freier Abend. Sie trägt einen roten Pullover, auf dem ihr Haar wie eine seidige Gardine liegt. Der Duft von Pfirsichshampoo sticht mir in die Nase. Mein Hals ist eine offene Wunde. Ich kann nicht mehr sprechen. Stefan, Stefan, versuche ich zu flüstern. Stefano! Niemand hört mich.

Schlanke, kühle Finger streichen verschwitztes Haar aus meiner Stirn, führen Wassergläser an meinen Mund, zählen Penicillintabletten auf meine Handfläche. Ginas Finger. Du hast Angina. Die Nudeln in ihrer Gemüsebrühe sind ganz fein und rinnen schmerzfrei durch meinen Hals. Vom Markt bringt sie mir rotgoldene und fleischfarbene Dahlienblüten. Stefan arbeitet und schläft in Jims Zimmer. Wann bist du endlich gesund, damit wir nach Venedig fahren können? fragt Jim mehrmals täglich. Als es mir besser geht, bringt Gina ein Kind mit, ihre Tochter Renata. Ich frage Jim nach Ginas Mann, nach Renatas Vater. Jim schüttelt den Kopf. Gina lebt allein.

Am nächsten Tag fahren Jim und ich mit dem Zug nach Venedig. Auf dem Weg zur Rialtobrücke kaufe ich ein Paar rote Lederhandschuhe für Gina, ein Glastier für Renata, eine Maske für Stefan und bunte Wollschals für Jim und mich. Es ist sehr kühl, aber glasklar. Die Sonne scheint. Jim zieht einen zerknüllten Geldschein aus der Hosentasche, den Stefan ihm am Morgen gegeben hat, und zeigt ihn einem Gondoliere. Der Mann springt vor uns in eine schwarzglänzende Gondel mit roten Kunststoffpolstern. Er sieht aus wie ein mürrischer Clown mit dem gelben Strohhut auf seinen schwarzen Locken und den Turnschuhen unter der zu kurzen, schwarzen Hose. Jim nimmt meine Hand in seine. Die Fahrt ist ein Geschenk von Stefano, weißt du. In Venedig haben Stefano und ich uns kennengelernt. Schnell lege ich einen Finger an seine Lippen. Nicht jetzt, not now! Später trinken wir vor dem Dogenpalast Kaffee. Ich genieße das kristallisch glitzernde Meer und den durchsichtigen Himmel darüber. Sogar die Straßenlaternen aus rosagetöntem Glas sehen sehr zart und zerbrechlich aus. Oh yes, sagt Jim, der meinen Blick aufgefangen hat, I love it, too. Wir sind die einzigen Gäste vor dem Café. Es ist zu kalt und zu teuer. Jim hält noch meine Hand. Please don't worry, flüstert er. Mach dir keine Sorgen. Everything is allright. Okay, okay, flüstere ich, immer noch heiser, zurück.

Auf der Heimfahrt ist Jim wie ausgewechselt, singt, pfeift, redet wie ein Wasserfall. Wenn du zurück nach Deutschland fährst, bringen wir dich alle zum Zug, Stefano, Gina, Renata und ich. Im nächsten Jahr könnten wir dich alle zusammen besuchen kommen. May be next year.

Ich stehe im Dunkeln auf. Jim schläft. Stefan ist noch im *Old Vienna*. Ich packe meine Reisetasche und lege die Geschenke für alle auf den Küchentisch. Es ist der erste Zug nach Verona. Dann der erste Zug von Verona nach München. Es dauert bis zum Brennerpaß, bis die ersten Tränen kommen. Mit Erleichterung fühle ich, wie sie an der neuen, zarten Haut in meinem Hals hinabrinnen, salzig und ein bißchen scharf.

## Susanne Fülscher

# Cowboy und Indianer

Der Wecker steht auf halb acht. Er sollte auf halb sieben stehen, eine halbe Stunde zum Duschen und Anziehen und Fertigmachen, einen Tee im Badezimmer trinken, ein paarmal mit der Bürste durch die Haare, aber Viertel nach sieben ist es noch dunkel draußen, in den U-Bahnen schachteln sich Menschen mit trüben Morgengesichtern, also steht der Wecker auf halb acht, um halb acht ist es das gleiche Gefühl wie um halb sieben, wenn der Wecker klingelt. Pechrabenschwarz das Zimmer, damals mußte ich um sechs raus, jeden Morgen, auch samstags war Schule, und nie hat es mir was ausgemacht, vielleicht doch, aber früher war alles anders. Unter der Dusche stehe ich viel zu lange, meine Haut mag kein Duschgel und kein heißes Wasser, aber ich mag viel warmes Wasser, das den Körper runterperlt, je mehr, desto besser, umweltunfreundlich, das schlechte Gewissen wird in einem schaumigen Wasserstrudel weggewirbelt, später kriege ich die Linsen nicht rein, was zieh' ich an, damit ich die bin, die ich sein will, die Erfolgreiche, deren Körper gestählt ist, deren Kopf im Rhythmus der wöchentlich rauskommenden Kopfblätter funktioniert? Was man denkt, was man sagt, wie man was findet, zu finden hat, früher fand ich Indianerspielen toll und Erdnußflips und gelbe Brause und die Barbie-Puppe, die wir eigentlich nicht durften und nur bei der Oma kriegten, die wie Barbie einen großen Busen hatte. Früher war alles anders. Da aßen wir Mettwurstbrote mit Ketchup und guckten »Daktari«, und abends kam der Vater mit einer Tafel Vollmilch-Nuß, wenn Rudi Carrell am laufenden Band sein Grinsen zeigte, und jeder kriegte zwei Riegel, die reichten grad bis zu den Lottozahlen, der Nachbar hatte keine Arbeit. Ein Asozialer. Einer, der sowieso nicht wollte, der hatte nicht mal eine Frau, vielleicht war der vom anderen Ufer, pervers jedenfalls. Um zehn vor acht kriege ich nichts runter. Nur Tee. Teewasser, in meinen 60 Quadratmetern, die bald kein Mensch mehr bezahlen kann, ich sowieso nicht, ich liege dem Staat auf der Tasche. Einen Löffel auf eine Kanne, als ich rausgehe, ist es immer noch nicht richtig hell. Ich hasse Ämter. Ich hasse sie am frühen Morgen und am späten Morgen und um Mittag rum, aber besser, man geht morgens hin, dann hat man es hinter sich, dann haßt man nicht mal den Rückweg, obwohl der Hinweg die Hölle war. In der U-Bahn ist es immer noch voll. Scheiß drei Mark vierzig, die schon wieder weg sind. Vergrätzte Gesichter. Vergessene Gesichter, ich steige am Hauptbahnhof aus, werde in einem Pulk aus dem Schacht gespuckt, laufe mit den Menschen durch den Tag, der endlich heller wird, ein paar Tauben flattern vor meinen Füßen auf. Wenn man die große Straße geradeaus geht, etwa sieben Minuten lang, zwei Ampeln überquert, dreihundertzehn Autos vorbeifahren sieht, dann die kleine Straße rechts einbiegt, man sieht schon, daß man richtig ist, die vielen Ausländer, die vor einem herlaufen, Taschen haben sie nicht dabei, die Hände in den Hosentaschen vergraben, dann weiß man, daß man richtig ist, noch einmal kurz um die Ecke, das große A, rein mit der Kolonne derer, die ihre Kontoauszüge zerreißen, wenn sie durch den Schlitz kommen. Vielleicht sieht mich jemand, vielleicht sehen die's, vielleicht sieht man's mir an, ich bin so was wie kriminell, weil ich gleich wieder in den Tag hinausspaziere und keinen Pflichten nachgehe, mich friert, als ich vor den Fahrstühlen warte. Auf dem Amt. Im Fahrstuhl. Alle drängeln immer überall, die Gänge sind lang, hellgraue, sich nach hinten verjüngende Schläuche, ich mag es, wenn die Toiletten neu sind, im schrillen Neonlicht stehen und alles an sich sehen, die Angst und die Mitesser, wie geht das mit den Nummern? Ach so, ich muß mir eine ziehen und wieder warten, mich zu den anderen setzen, vielleicht würden die gerne Indianer spielen, heute bin aber ich der Indianer und du der Cowboy, ich will auch mal den tollen Schmuck. Weißt du noch, wie es schmeckt, wenn man hinfällt? Blut im Mund, die Schürfwunde am Knie grasgrün, wie sie brennt? Wir tun es nicht. Wir warten und denken uns den Indianer. Wir sichten Angebote, bestenfalls, das Spiel ist ausgespielt, drei Millionen lagern hier in Akten, viele wollen mehr, als sie kriegen, die meisten tun alles, damit wieder was in den Kühlschrank kommt, viele gehen mit leeren Gesichtern raus. Nummer 48 leuchtet auf, ich bin die 54, hoffentlich finde ich gleich das richtige Zimmer, hoffentlich bin ich freundlich genug, hoffentlich lassen sie mich in Ruhe, vielleicht habe ich doch was verbrochen, von dem ich nichts weiß, hoffentlich wird es morgen wieder hell. Ich schaue aus dem Fenster, wo klumpige Wolken sich türmen, über Hamburg, über bleifarbenen Häusern, der neben mir liest »Die Zeit«, ein Akademiker in Graumeliert. Wie spät ist es? Schon fünf nach halb neun. Sonst liege ich noch im Bett, fange gerade an, aufzustehen, die Augen sind schon geöffnet, aber der Körper ist zu warm, um einfach die Decke zur Seite zu schlagen, wenn sie was für mich haben, ist es damit aus, Pressestelle Arbeitsamt, Sachbearbeiterin, das war's beim letzten Mal. Kam durch den Briefkasten geklappt, der Wisch, Vorstellungsgespräch im dritten Stock, ich ging in Jeans hin, dann nehmen die dich schon nicht, dachte ich, die wollten mich doch, ich war mal Redakteurin. Saß da mit übereinandergeklemmten Beinen, die Trockenheit krümelte ihnen aus dem Mund, und steife Hände beim Abschied. Ausverkauf der Seelen. Viele würden sich alle Finger nach dem Job lecken, du undankbares Ding! Die 49, die 50, stell dich nicht so an, sagten sie auch, du kannst doch ablehnen, sagten die anderen, ich lehnte ab und dachte daran, daß ich mich früher nie angestellt hatte. Den Bogengang auf dem Balken gemacht. Fünf Negerküsse beim Negerkußwettbewerb reingestopft und nicht gekotzt. Bei der ersten Fünf die Zähne tapfer zusammengebissen. Einmal kannst du dich anstellen, ach, Sie wollen die Stelle nicht, nein, will ich nicht, jetzt lassen die dich nicht mehr aus den Klauen, bieten dir alles an, Endstation Verwaltung, und wenn du nicht spurst, stellen sie dir dein Telefon ab. Ich schaue auf meine Finger, die sind zu kurz, zu ungelenk, die schaffen manche Dinge nicht, ich weiß nicht, was ich will, ich will nicht tausendundein Komma wegstreichen und jeden Mittag in der Kantine ein Tablett balancieren müssen. Früher spielten wir Cowboy und Indianer, und trotzdem war was zu essen im Kühlschrank, der Ernst geht heute um, der Seelen-Klauer, ich möchte spielerische Buchstaben verkaufen, aber das ist kein guter Deal, du könntest Kindermärkte erschließen, sagen manche, das ist das Geschäft der Zukunft, Kosmetik für die Kleinen, Arbeitsmarktlage Bundesrepublik als Horror-Videospiel. Jetzt die 51, ich bin die 54, immer noch, ich wäre gerne die Eins und überdies im Café, mich in den Tag spinnen und warten, bis die Wolken aufbrechen und auf die Straße pladdern. Dann klacken Schritte auf dem Gang, eine blonde Dauerwelle, sitzt die nicht in Zimmer 24? Das ist sie doch, vielleicht auch nicht, der Graumelierte neben mir schnieft akademisch ins Herrentaschentuch, ich schiele auf seine Nummer, 55, mein Magen dreht sich gleich um, wie damals beim Lehrerprüfungsamt, wo die Flanellhose kniff und der Mund so trocken war, die Herren von der Behörde schnitten Grimassen, ungewollt, damals beim Abi schüttelten sie einem die Hände und schickten einen auf den großen Weg. Viertel vor neun, jetzt könnte ich wirklich langsam aufstehen und Kaffee kochen und gucken, was der Tag so bringt. Andere haben Kinder, dann bringt der Tag auf jeden Fall was. Dreckige Windeln und Bäuerchen, zwei Waschmaschinen und drei Kochtöpfe. Ein Gurgeln, ein Quietschen und ein Lächeln, die 52 und die 53 blinken gleichzeitig auf, später darfst du deinem Vierjährigen Laura Ashley kaufen.

– Du mußt dir überlegen, was du willst!

– Okay, ich überleg's mir heute nacht.

Sage ich und denke, daß meine Hände jetzt auch noch feucht sind, der Dispo ist bald ausgeschöpft, ich brauche Aufschub, ich weiß nur, was ich nicht will, der akademische Akademiker kaut auf seinen Nägeln. Vielleicht krieg ich kein Geld mehr, einen Job abgelehnt, vielleicht steht da gleich der Abteilungsleiter, der Oberchef, der Bundeskanzler, und dann sagen sie mir, entweder Pressestelle DAK oder keine Kohle mehr, ganz wie Sie wollen, meine Dame, Sie wollen doch nur morgens ausschlafen, geben Sie's zu, und abends in den Diskos rummachen, SIE, die 54 leuchtet auf.

Ich zucke zusammen, schaffe es nicht so schnell, die Nummer in die Tasche zu tun, stolpere beim Aufstehen über meinen Schirm. Zimmer 24, eine andere, dunklere Dauerwelle, vielleicht auch Natur, guten Tag, ein Lächeln, ich sage auch ›Guten Tag‹. Und daß ich mich melden wollte, ich krame die rosa Karte aus meinem Portemonnaie, das ich extra ganz oben auf die Tasche gelegt habe, sie trägt mein Geburtsdatum in den Computer ein. Hoffentlich merkt sie nichts. Daß ich keine Statistiken mag und keine grauen Herren mit steifen Händen und keine Ressortleiter, die erst Korinthen kacken und sie dann zählen. Sie sagt nichts, ein kleines Alpenveilchen steht auf ihrem Schreibtisch, dazu ein Bild von ihrem Freund, so jemand kann mir nichts Böses wollen, kann sie doch nicht, die Tante bei der Einschulung, das war doch die Ausnahme, die so lieb lächelte und deren dunkle Beinhaare wie Algen unter den Perlonstrümpfen klebten, und dann mußte ich nackt vor allen Kindern durch den Raum gehen, Gerade! schrie sie, und ich sackte in mich zusammen. Ging gebückt weiter, Zeugnisse und Prüfungen, Lehrer und Vorgesetzte, vorbei war's mit den Indianern, ich will gar nicht ausschlafen, könnte ich nur auf eigene Faust die Beute erlegen. Korinthenkacker hast du immer, sagen die, die damals gleich zehn Negerküsse geschafft haben.

– Stimmt die Straße noch?

Ich nicke, warte, daß sie etwas sagt, daß der Jagoda heute hier war, um mir mitzuteilen, so gehe das nicht weiter, ich sei gar keine richtige Arbeitslose, wolle nur auf Kosten des Staats ausschlafen. Die 54 klebt in meinen Händen, meine Hände waren nur zweimal feucht, bei der Führerscheinprüfung und bei ihrer Wiederholung. Jetzt ist es fünf vor neun, mit Schlummerchen spielen, Grätsche und Spagat, und bald ist Weihnachten, nur noch vier Tage, und später im Sommer pflückten wir die Kornblumen und wußten noch nichts vom Werther und seinem süßen Gefühl von Freiheit, diesen Kerker jederzeit zu verlassen. Die Dauerwelle hat lange Nägel und einen Freund, klick, klick macht es auf der Tastatur des Computers, könnten falsche Nägel aus dem Nagelstudio sein, so perfekt in Form gefeilt, oder die wachsen so bei ihr, ihr Leben quillt nicht über den Rand der Napfkuchenform. Jetzt nimmt sie meine rosa Karte, einen Kugelschreiber, der schreibt nicht, sie langt in die oberste Schublade, der Filzstift schreibt grün.

– Am 4. 8. müssen Sie sich wieder melden.

Sie sieht mich erwartungsvoll an, ich schaue an ihr vorbei aufs Alpenveilchen, auch erwartungsvoll, sie läßt mich doch nicht nackt durch den Raum gehen, ich ertappe mich dabei, ihr freundlich einen schönen Tag zu wünschen, die Arme mußte heute noch früher raus als ich. Haarlos glatte Beine, fällt es mir draußen ein, die akademische 55 geht an mir vorbei – ich gehe, drei Millionen laufen am laufenden Band an mir vorbei, und ein schlechtes Gewissen preßt sich in mich rein, weil die anderen gar nichts kriegen, und du könntest doch wenigstens…, eine Freiheit ist keine, wenn der Kühlschrank leer ist. Ich liebe Fahrstühle. Solche, die nach unten fahren und landen, und wenn man ans Tageslicht kommt und in den Regen, gemeinsam mit den anderen, die Cowboy und Indianer mögen, vielleicht. Zehn nach neun, da könnte man noch frühstücken gehen und später eine Barbiepuppe kaufen und »Die Zeit« und dann die Stellenanzeigen lesen. Oder Brötchen kaufen, das wird billiger, und nach Hause und die Füße hochlegen. Einer lacht mich an, der mir entgegenkommt, der hat gut lachen, ich lache auch und denke, wie das wohl wird, wenn morgen der Briefkasten klappt.

## Heidelore Kluge

# Letzter Zug nach Jurmala

Anna ist praktisch und welterfahren. Auf dem Bahnhof zeigt sie mir, daß man den Griff des Gepäckwagens herunterdrücken muß, damit dieser sich schieben läßt. Im Flugzeug befestigt sie mit einem Griff den Sitzgurt, an dem ich vergeblich herumfummle. Anna hat schon fast die ganze Welt gesehen. War im Frühjahr in Neuseeland und kommt jetzt gerade von einem Trip nach New York zurück. Da muß sie sich ja auskennen.

Aber in Riga war Anna auch noch nicht. Und wir wären wohl beide nicht auf den Gedanken gekommen, dorthin zu reisen, wäre da nicht dieser Schriftstelleraustausch. Im letzten Jahr waren Dagnija und Gunnars unsere Gäste – dieses Jahr sind wir an der Reihe. So ist das.

Das kleine Flugzeug beginnt heftig zu vibrieren. Die Motorengeräusche werden lauter. Beunruhigt blicke ich auf Anna.

»Gleich heben wir ab«, sagt sie.

Hastig suche ich nach der Kaugummitablette gegen Reiseübelkeit, nach der Tüte zum Spucken, nach dem Taschentuch mit dem Lavendelduft.

Die Räder verlassen den Boden, werden eingezogen. Klappen schließen sich hinter ihnen. Wir steigen. Ich halte die Luft an.

»Mund auf«, sagt Anna. »Und tief atmen.«

Wir schweben.

Ich vergesse Flugangst und Kaugummi und alles. Die Häuser unter uns werden immer kleiner. Auf einmal ist nur noch Grau vor den Fenstern. Und dann sind wir über den Wolken – die sehen aus wie Badeschaum. Und wir oben drüber – oh Mann!

»Oh Mann«, sage ich und schiebe meine Kaugummitablette in die Hosentasche.

Ich hätte nie gedacht, daß Fliegen so schön ist. Anna lächelt ein bißchen mitleidig. Aber sie weiß ja auch schon alles.

Die Stewardess lächelt auch, aber anders. Ein bißchen wie die Cheshire-Katze aus »Alice im Wunderland«. Vielleicht bleibt von der Stewardeß auch nur das Lächeln zurück – während sie selbst verschwindet?

Aber sie verschwindet durchaus nicht. Sie bringt Kaffee und Sekt und kleine Leckereien und dann noch ein Behältnis mit Salat, Pastete und Plastikbestecken. Sogar ein Nachtisch ist darin und für hinterher ein Feuchttüchlein zum Händeabwischen. Anna lächelt schon wieder. Mir egal. Wenn es so weitergeht mit unserer Reise nach Riga, will ich zufrieden sein.

Aber Riga Anfang Dezember ist ein trübseliger Anblick. Oder vielmehr: Es ist überhaupt kein Anblick. Es ist vier Uhr nachmittags und stockdunkel. Und es regnet in Strömen.

Ein fahriger junger Mann von ungesunder Gesichtsfarbe erwartet uns: der Sekretär des Schriftstellerverbandes. Wir steigen in ein Auto, dessen Sitze durchsacken und in dem es nach Schweiß und kaltem Rauch riecht.

Wir fahren lange. Einmal überqueren wir einen Fluß: die Daugava.

Der Sekretär macht eine vage Handbewegung nach hinten: »Riga«.

Aha.

Wir fahren nach Jurmala.

Das liegt am Meer, und es ist wunderbar schön dort – im Sommer.

Das Hotel heißt »Zinatnes nams« und gehört der Akademie der Wissenschaften. Der Sekretär händigt uns mehrere Streifen Bons aus für das hauseigene Restaurant. Abendessen gibt es nur bis 17 Uhr.

»Und was tun wir danach?«

»Ich will euch ja keine Angst machen«, druckst der Sekretär. »Aber paßt gut auf euch auf!«

Dann ist er verschwunden.

Wir sind gestrandet in Jurmala.

Oh Mann …

Aber Anna, die praktische, welterfahrene Anna, hat sich an der Rezeption schon längst erklären lassen, wo es zum Bahnhof geht. Geld hat sie auch schon gewechselt.

»Wir fahren nach Riga«, sagt Anna.

Na gut.

Draußen brennt nur jede dritte oder vierte Straßenlaterne. Dann müssen wir durch ein dunkles Wäldchen. Ich fasse nach Annas Arm und höre sie lachen.

»Du hast wohl überhaupt keine Angst?« frage ich.

Wieder lacht sie.

»Und du hast offensichtlich zuviel Phantasie«, sagt sie.

Dann sind wir auf dem Bahnhof. Glücklicherweise gibt es nur zwei Bahnsteige. Der Zug hat Holzbänke. Die Fensterscheiben sind lange nicht gewaschen worden. Aber die Namen, die ich auf den kaum erleuchteten Bahnhöfen entziffere, sind schön: Lielupe – Pridaine – Babite – Imanta – Depo – Zolitude – Zasulauks – Torniakalns – Galia Stacia Riga.

»Das klingt wie ein Gedicht«, sage ich. »Oder wie ein Mantra.«

»Du bist eine Träumerin«, sagt Anna.

Der Bahnhof von Riga ist schlecht beleuchtet und überfüllt. Die Menschen drängen und stoßen. Am rücksichtslosesten sind die Männer. Das macht sie nicht liebenswerter. Die meisten riechen schlecht, und sie sehen ungepflegt und mürrisch aus. Mir fällt auf, daß nicht einer von ihnen auch nur einigermaßen hübsch ist.

»Es lohnt bei keinem, zweimal hinzusehen«, sage ich zu Anna.

Sie sieht mich verständnislos an.

Dafür hat sie nach einem kurzen Blick auf den Stadtplan sofort die Orientierung gefunden.

Auch gut.

Anna weiß Bescheid.

Ich folge ihr blindlings, auch in den nächsten Tagen. Sie führt mich zu allen Plätzen, die man gesehen haben muß.

Zu den Markthallen. Zu den Friedhöfen. In die Museen. Zu den Jugendstilhäusern.

Gut, daß Anna Bescheid weiß.

Ohne sie hätte ich mich nie in die Kafejnizas gewagt, die von außen so schummrig aussehen. Ohne sie hätte ich keines der interessanten Restaurants gefunden. Ohne sie hätte ich nun auch keine Blasen an den Füßen.

Nun gut. Muß Anna am nächsten Tag eben alleine nach Riga fahren, und ich bleibe in Jurmala.

In Jurmala wohnt Gunnars. Er ist nicht mehr jung, und ich kann mich erinnern, daß er gut trinken kann.

»Ich sitze schon wieder zwischen allen Stühlen«, sagt er. »Damals war ich gegen den Kommunismus. Heute bin ich gegen den Kapitalismus. So ist das.«

Er zuckt die Achseln. Dabei sieht er so resigniert aus, daß man ihn immerzu streicheln möchte.

Aber Gunnars hat ja Lala.

»Darauf müssen wir trinken«, sagt Lala zu mir. Oder ich sage es zu ihr. Manchmal sagen wir es gleichzeitig. Wir verstehen uns.

Schön ist Lala, und ich wünsche mir, siebzig zu werden und so zu sein wie sie.

Wir essen eingelegte Pilze und Neunaugen und geräuchertes Huhn und wunderbares dunkles Brot, das mit Kümmel gewürzt ist. Dazu trinken wir Wodka, und Lala erzählt. Dann trinken wir noch mehr Wodka, und Lala erzählt weiter.

Lalas Leben ist ein Roman.

Ihr Vater, ein russischer Adliger, wird während der Oktoberrevolution ermordet. Ihre Mutter wird verhaftet. Sie selbst kommt im Gefängnis von St. Petersburg zur Welt. Später heiratet die Mutter einen der Revolutionäre.

»Er war ein Genie«, sagte Lala. »Ich habe ihn sehr geliebt.«

Sie zeigt mir Bilder. Schön war ihre Mutter. Und Lala war auch als Mädchen schön. Kein Wunder, daß sich John, der englische Student, in sie verliebte. Es gab Händchenhalten im Mondschein, mehr nicht. Dann kommt der Hitler-Stalin-Pakt, und John kann gerade noch der Internierung entgehen. Mit dem letzten Schiff verläßt er Rußland. Lala hat Tränen in den Augen.

Wir trinken.

»Zeitsprung«, sagt Lala und lacht. »Ich lernte Gunnars kennen.«

Sie streichelt Gunnars. Der sieht plötzlich viel jünger aus und viel weniger traurig.

Lala erzählt weiter.

Von den Söhnen, die geboren werden, heranwachsen. Einer von ihnen wird ein berühmter Wissenschaftler. Als er eine Professur in London bekommt, lädt er seine Mutter zu sich ein.

»Und er tat noch mehr«, sagte Lala. »Er fand Johns Adresse heraus.«

Dann haben sie sich wiedergesehen. Nach fünfzig Jahren. Und haben sich sofort erkannt. Und sich zum ersten Mal geküßt. Weißt du, was ich mir wünsche? hat John gefragt und auf das Rondell mit Heckenrosen mitten auf der Straße gezeigt. Dich zu lieben. Dort. Jetzt gleich.

»Oh Mann«, sage ich. »Darauf müssen wir trinken.«

Am nächsten Tag erzähle ich Anna Lalas Geschichte.

»Ganz schön romantisch«, sagt sie und lächelt ihr welterfahrenes Lächeln.

Nun gut.

Aber ich weiß, daß es schön war bei Lala und Gunnars. Wir haben gegessen und getrunken und erzählt. Und wir haben gelacht.

Daran erinnere ich mich vor allem, weil sonst niemand lacht in Riga. Nicht einmal ein Lächeln habe ich gesehen bisher. Zu hart ist das Leben hier wohl. Und deshalb sind die Männer wohl auch so mürrisch. Aber die Frauen setzen Zeichen des Protestes, unübersehbar. Mit Lippenrot zum Beispiel. Oder mit kecken kleinen Hüten. Vor allem aber durch ihre Haltung. Dadurch, daß sie den Kopf hoch tragen. Und hübsch sind sie, diese Frauen. Manchmal sogar schön.

Letzter Abend in Riga.

Ergelmuzikas Koncerts im Dom: Bach, Händel, Messiaen. Der Klang der Orgel erfüllt den ganzen Raum und mich. »Volle Dröhnung«, sagt Anna anerkennend. Und dann: »Da sind doch mal gut aussehende Männer. Siehst du.«

Ja. Aber als ich genauer hinhöre, sprechen sie Dänisch, Schwedisch, Englisch, Deutsch.

Nun gut.

Wir feiern unsern Abschied von Riga bei Elchfleisch, Wodka und Bärentöterbier. Es wird spät, und als wir zum Bahnhof kommen, ist der Zehn-Uhr-Zug längst abgefahren.

Auf den Bahnsteigen stehen noch viele Menschen.

»Jurmala? Jurmala?« fragen wir.

Sie wenden sich ab. Oder sie zeigen hierhin und dorthin. Und sie sagen Dinge, die wir nicht verstehen. Freundlich hören sie sich nicht an.

Der Bahnhof von Riga ist womöglich noch dunkler als sonst. Es geht auf Mitternacht.

»Der Zug nach Jurmala hält drüben«, sagt jemand.

Sein Englisch ist perfekt. Er hat blonde Haare und blaue Augen. Er ist hübsch. Und er lächelt.

»Der Zug geht wirklich nach Jurmala?« fragt Anna.

Er nickt.

»Ich fahre selbst dorthin. Es ist der letzte Zug heute nacht.«

Im Zug drängt Anna zu den Fensterplätzen auf der rechten Seite. Wenn wir über den Fluß fahren, können wir von hier aus die rote Leuchtschrift »Zinatnes nams« unseres Hotels erkennen. Dann wissen wir, daß wir an der nächsten Station aussteigen müssen.

Ob er sich zu uns setzen dürfe, fragt der Blauäugige höflich. Ich nicke, ehe Anna etwas sagen kann. Der Blauäugige lächelt. Ich lächle auch. Und mir ist egal, wie Anna das sieht.

Anna ist jetzt sowieso vergessen, denn wir reden, als kennen wir uns seit Jahren. Über Hesse und Kant, über Krieg und Frieden, Castaneda, Memling und Remarque. Und ich weiß, daß ich nach all den Jahren Hermann Hesse wieder lesen werde – weil jemand mit blauen Augen mir gegenüber sitzt und mir all die Begeisterung und Unbedingtheit entgegenstrahlt, die ich auch einmal hatte.

»Sunshine«, sage ich und weiß, daß es auch das wieder gibt: sich Hals über Kopf zu verlieben. Mitten in dieser dunklen lettischen Dezembernacht ist es mir gerade eben passiert.

Oh Mann.

»Sunshine?«

Ja, wie der Sonnenschein kommt er mir vor in diesem Land, wo es überhaupt nicht hell zu werden scheint und wo niemand sonst lächelt.

Da lächelt er wieder.

Und ich erfahre, daß er gar kein Lette ist, sondern Russe. Daß er verstehen kann, daß die Letten die Russen nicht mögen.

Daß er für eine russische Zeitschrift arbeitet, und daß es nie wieder Krieg geben darf.

Make love not war, denke ich, und beinahe hätte ich es laut gesagt.

Oh Mann, was soll ich nur tun?

Unter Annas mißbilligendem Blick schreibt er mir seinen Namen auf und seine Telefonnummer.

»Jurmala«, sagt Anna.

Sonst hat sie seit Riga nichts gesagt.

Wir stehen auf dem dunklen Bahnsteig.

Es wäre noch viel zu sagen, und ich will noch nicht gehen.

Ich habe etwas wiedergefunden, das lange verloren gewesen war, und nun will ich es nicht wieder hergeben.

Aber Anna zieht mich fort.

»Doswidanja, Sunshine«, sage ich.

Anna hält immer noch meinen Arm fest, als wir schon beim Hotel angekommen sind.

»So ein Träumer«, sagt sie dann.

Ich lasse Anna stehen und hole mir an der Rezeption eine Flasche Champagner. Der ist aus Aserbeidschan und schmeckt scheußlich süß. Aber Champagner muß es schon sein.

Nasdorowje Sunshine...

Wie lange ist es her, daß mich eine Begegnung so verändert hat? Wie lange ist es her, daß ich das letzte Mal spürte, daß ich lebendig bin?

Im Nebenzimmer stöhnt eine Frau. Es hört sich an, als hätte sie eine gute Zeit. Ich hebe mein Glas und wünsche ihr Glück. Und den Mut, auch morgen Lippenrot zu tragen und einen kecken kleinen Hut.

Am nächsten Morgen sitzen wir im Flugzeug. Die Stewardess knipst ihr Lächeln an und kontrolliert die Sitzgurte. Dann schweben wir über der Stadt, und ich versuche, den Bahnhof auszumachen – Gala stacia Riga – und die Strecke nach Jurmala: Torniakalns – Zasulauka – Zolitude – Depo – Imanta – Babite – Pridaine – Lielupe. Ein Mantra, eine Beschwörung.

Anna sagt, wie froh sie sei, in die Zivilisation zurückzukehren. Sie erzählt, was sie alles tun wird morgen und in den nächsten Tagen – Verlagsgespräche, Pressekonferenzen und außerdem die Wäsche in die Waschmaschine tun. Lauter vernünftige Dinge.

Ich lasse sie reden und denke daran, was hätte werden können, wenn –

Hätte?

Oh Mann!

»Mund auf«, sagt Anna. »Und tief atmen.«

Schon gut, Anna, schon gut.

Verrückt ist, was ich gerade denke. Herrlich, wunderbar, phantastisch verrückt.

Über Berlin scheint die Sonne. Die Straßen sind voller Autos und Menschen. Und selbst mitten am Tag brennt die weihnachtliche Festbeleuchtung.

»Endlich«, sagt Anna, als wir in der Flughalle stehen.

Und dann: »Wo willst du hin?«

Ich habe keine Zeit, ihr zu antworten. Dort drüben ist gerade eine Telefonzelle freigeworden.

Was soll ich Anna sagen?

Dann bin ich mit Riga verbunden.

»Sdrastwuitje, Sunshine! Laß uns unser Gespräch von gestern abend fortsetzen. Wann? Heute abend. Letzter Zug nach Jurmala!«

Jetzt zum Flugschalter.

Und keine Anna dieser Welt wird mich diesmal zurückhalten.

Oh Mann...

## Christina Günther

# Stell dich nicht an

Die trockene Erde bricht, fällt und krümelt auseinander unter den gleichmäßigen Bewegungen ihrer Hacke. Auch heute noch gehe ich zu ihr in den Garten, setze mich ins Gras oder lege mich, die Hände unter dem Kopf verschränkt, zurück. Erkälte dich nicht, sagt sie. Sagt sie jedesmal. Sonst sagt sie nicht viel, unsere Nachbarin, die ganz gerne schwatzt, im Gegenteil zu allen anderen. Bei der Gartenarbeit jedoch ist sie still und konzentriert.

Vom Garten aus kann ich unser Haus nicht sehen. Am Maschendrahtzaun entlang wächst Goldregen und anderes dichtes Zeug. Das Gras steht hoch und wird bald gemäht werden. Dann fallen Margeriten und Bartnelken und das alles mit um. Trocknet zu Heu, wird gewendet. Es summt und sirrt, welche Insekten das genau sind, das weiß ich nicht. Ich habe mich nie besonders dafür interessiert. Es ist ja überall um uns herum. Kräuter erkenne ich am Geruch, nicht an den Namen. Ich kann mir alles merken, in der Schule bin ich trotzdem schlecht.

Abends sitzen sie bei uns am Küchentisch, die Nachbarn und ihre Kinder. Früher rannten die durch die Küche, stolperten über Stühle und schrien herum. Ab und zu donnerte die Stimme des Nachbarn dazwischen. I schlog di o'gspitzt in de Boda nei. Davon kriegte ich Gänsehaut. Die anderen bestimmt auch. Als ich klein war, wollte ich mich auf der Bank an Mama kuscheln, an ihren warmen Pullover. Die anderen Kinder haben sich lustig gemacht. Ich mußte so sein wie sie. Sonst konnte es passieren, daß ich im Hof stand und sie mit Fallobst nach mir warfen. Oder mir eine Falle stellten. Ich bin volle Pulle in die neue Jauchegrube gefallen, die mit Heu zugedeckt war. Aus dem Gebüsch heraus haben sie gelacht und ich mich nicht nach Hause getraut. Die Nachbarsfrau hat dann meine Sachen gewaschen und versucht, sie trockenzukriegen. Dabei sind meine Eltern nicht besonders schlimm. Aber am liebsten habe ich die Nachbarsfrau. Warum, das weiß ich nicht genau. Immer wollte ich gern in ihrer Nähe sein, will ich heute noch. Ihr erzähle ich, was mir im Kopf herumgeht. Damals hatten wir noch Tiere. Ab und zu wurde geschlachtet, mich hat es immer angeekelt, das frische Blut, süßliches, zitterndes Fleisch. Stell dich nicht an, sagten sie. Blutwurst, dunkelroter Brei mit weißen Knorpelstücken darin, es würgte mich im Hals. Stell dich nicht an, das wird jetzt gegessen.

Heute haben wir nur noch Weinberge und ein paar Felder. Beim Abendessen kriegen sie öfters Streit, der Nachbar kann fürchterlich schreien. Aber die Stimme meines Vaters ist leise und zornig, dann freue ich mich, außerdem glaube ich, er weiß viel, viel mehr als der Nachbar. Ich höre ihnen nicht richtig zu. Sie reden über Preise und über Europa, irgendwelche neuen Gesetze, sie stöhnen darüber, wie es weitergehen soll. Das geht schon so, seit ich denken kann. Wir leben davon, sagen sie, und die Genossenschaft zahlt zu wenig für den Wein, und dann war das Jahr schlecht, und dann war es wieder zu gut, so daß die Preise fallen. Ich weiß nicht. Wenn sie sagten, wir müssen den Hof aufgeben, habe ich mich gefreut, aber es ging immer weiter. Wenn sie doch arbeiten gehen würden wie die Eltern meiner Freundinnen, im Büro oder der Fabrik.

Auf dem Fensterbrett liegen Formulare, Arzneipäckchen, Hustensaft und die blaue, verschmierte Cremedose, Büroklammern und ein Taschenmesser, alte Postkarten und ein altes Matheheft von mir. Das Fensterglas spiegelt schwach, ist etwas verschmiert von innen und abends beschlagen. Hier in der Küche zieht niemand die Vorhänge zu. Über dem Ofen hängen nasse Handtücher, auch im Sommer.

Ich hatte mich nie daran gewöhnt, wie die Schweine quieken vor dem Schlachten, auch später, als sie nur noch verladen wurden und abtransportiert. Als hätten sie gewußt, was ihnen bevorsteht. Oder wie der Gockel ohne Kopf noch herumrennt. Reflexe sind das, erklärte mein Vater. Stell dich nicht so an, sagte der Nachbar mit seinem gierig aussehenden Grinsen, Fressen oder gefressen werden, so ist das eben. Wir müssen davon leben, sagte mein Vater. Aber dann kriegte ich es nicht runter, das Essen. Stundenlang saß ich davor. Und jetzt aber dalli, du bist ohnehin viel zu dünn.

Wenn unser Nachbar sauer war auf die Kinder, flogen schon

mal die Gummistiefel hinter ihnen her. Immer war es laut. Ich hatte gelernt, die gleichen, schnellen Antworten zu geben wie die anderen. Zu schubsen und zu beißen. Sie können sonst alles mit einem machen. Weglaufen und die Stimme hinter mir hören, höhnisch und kichernd, nein. Nie mehr. Das war früher, ganz früher. Jetzt fahren sie mit ihren Mofas herum, lassen sie aufheulen und kurven möglichst eng zwischen zwei Eimern durch. Nur die Jungs; die Mädchen kriegen höchstens ein Fahrrad. Jedesmal bin ich bedrückt, wenn die Ferien anfangen, wir fahren nie weg. Geht ja nicht.

Den ganzen Tag zu Hause oder nachmittags in den Weinberg oder aufs Feld, früher mußte ich immer mit. Heute nicht mehr. Bleib ruhig bei mir, sagte meine Nachbarin immer, wenn ich in den Garten kam. Damals hatte ich mein eigenes Beet, ein Kinderbeet mit Löwenmäulchen und Ringelblumen, auch Möhren und Radieschen. Sie nahm mich mit, wenn sie im Nachbardorf einkaufen ging. Meine Mutter fuhr dazu immer mit dem Auto ein Stück weiter in ein großes Einkaufszentrum. Auf den Straßen lagen überfahrene Frösche. Einmal habe ich etwas erzählt. Daß unser Nachbar soviel in meiner Nähe war. Daß er seine Hand gern überall hintat. Ein bißchen zwacken und necken, nannte er das. Ach was, meinte die Nachbarin, der meint das nicht so. Sein Gesicht war aber sehr nahe und stoppelig, die Augen voller Glanz. Als Kind lief mir plötzlich das Wasser unten raus, ganz warm, die Steinstufen runter; ein schönes Gefühl, wie wenn sich alles auflöst, auch wenn die anderen das schlimm fanden. Der Nachbar packte Katzen im Nacken und schüttelte sie. Wir hatten zu viele und immer verschwanden welche. Er hatte wohl gerne Fleisch unter den Fingern. Seine Stimme konnte tief werden, leise und mit zuviel Spucke drin. Wenn ich weglaufen wollte, hielt er mich fest. Ein bißchen spielen, sagte er und babbelte eine Geschichte daher, während seine Hände spazierengingen. Stell dich nicht an. Zum Glück hatte er nicht viel Zeit. Niemand hatte viel Zeit. Abends, wenn sie gegangen waren, war es nett bei uns, meine Eltern in friedlicher Stimmung. Morgens, ganz früh, war es auch schön, mit dem Fahrrad in die Schule oder das Stück durch den Wald zur Bushaltestelle. Am liebsten wäre ich manchmal nur Seele gewesen, wie es im Religionsunterricht einmal hieß, ohne Körper. Aber das gibt es nicht. Immer, wenn es etwas zu besorgen gibt, melde ich mich freiwillig. Ein langer Spaziergang ohne die anderen. Im Herbst fliegen die Krähen auf, die Felder haben ein sattes, nasses Braun. Der Foxel von drüben, den ich streicheln kann, begleitet mich bis zum Dorfausgang und wedelt noch ein bißchen. Meine Eltern sind stille Menschen. Deswegen erzähle ich nicht viel. Hier im Dorf sagen sie jetzt, ich sei eingebildet, weil ich meine Freunde woanders habe. Meine Eltern flunkere ich an, ich würde eine Schulkameradin besuchen, zum Lernen. Niemand meckert jetzt noch, wahrscheinlich bin ich zu alt dafür.

Meiner Deutschlehrerin habe ich einmal erzählt, daß der Junge, der denselben Heimweg hat, mich in den Straßengraben schmeißen will und nie in Ruhe läßt. Du mußt dich wehren, riet sie mir, du mußt lernen, nein zu sagen. Sie machte dabei ein ernstes Gesicht. Das war eine dieser prima Ideen, die nichts helfen. Ich sagte das zu meinem Nachbarn dann auch: Nein, ich will nicht. Seine Stimme tief und spuckig: Du willst doch nicht etwa widersprechen – oder? Oder?

Irgendwie klappt das also nicht mit dem Neinsagen.

Ich kann diese Anfasserei nicht leiden, auch nicht, wenn wir bei meinen Freunden auf dem Zimmer sitzen. Das Geknutsche und alles. Auch dort gibt es nur Sticheln und Lachen, wenn ich nicht will. Ich sehe mir die Jalousien an, die Poster an der Wand, die Uhr oder sonst etwas und denke, später werden wir hoffentlich wieder was anderes machen. Musik hören oder in die Spielothek gehen, bis mein Bus fährt.

Das geht sowieso nicht mehr lange mit den Nachmittagen. Ich habe eine Arbeit, direkt nach der Schule. In einem Kleinkaufhaus, nur für Textilien. Eine Lehre als Verkäuferin. Dann bin ich den ganzen Tag weg. Ich sehe mir immer die älteren Mädchen an im Bus, ernste Gesichter. Am liebsten würde ich richtig weggehen, weit fort. Zu den Älteren sind sie ganz anders; zu mir wird dann auch keiner mehr etwas sagen können, ich habe endlich Geld, eigenes Geld. Ich arbeite dann und bin etwas wert und werde ein erwachsenes Gesicht haben. Bald.

## Ursula Hochstätter-Klomp

# Die Tasche

Ruth schlug den Mantelkragen hoch und hielt den Schal vor Nase und Mund, während sie die Treppe der Metrostation hinunterstieg, vorbei an der Hand mit dem Pappbecher, der ihr in Höhe der Knie entgegengestreckt wurde, eine Frau, eine Farbige, ziemlich hellhäutig, sie saß auf den Stufen. Hamse 'nen bißchen Kleingeld, und Ruth sah ein paar Münzen in dem Becher, nicht viele. Ja, sie hatte schon, aber sie wollte nicht, da konnte man ja arm werden, in jeder Metrostation wurde man wegen Geld angesprochen, sie hörte schon gar nicht mehr hin. Ruth senkte ihr Gesicht hinter den hohen Mantelkragen, es roch hier immer etwas streng in diesen U-Bahntreppenhäusern, zog den Schal noch höher und ging weiter, drehte den Token* in der Hand, den hielt sie schon griffbereit. Dann schlug ihr die warme, abgestandene Luft des riesigen Tunnelsystems entgegen.

Ruth war am Absperrgitter mit den elektronischen Durchlaßschranken angekommen. Der Token klirrte im Einwurfschlitz und verschwand in dem Behälter darunter, die Schranke gab Ruth den Weg zu den Bahnsteigen frei. Hinter ihr klirrte es wieder, noch ein Token, wieder das kurze Drehgeräusch der Absperrschranke, und Ruth sah beim Umdrehen, daß die Frau, die eben auf den Stufen der Treppe gesessen hatte, hinter ihr herkam. Sonst war die Vorhalle leer, der Bahnsteig war auch leer. Ruth setzte sich auf die Bank der Waiting Area, die Uhr zeigte sechs nach neun am Morgen, die Frau setzte sich auch, direkt neben Ruth, ihr Rock war ungesäumt, und darunter war ein zweiter zu sehen, dann ein paar dicke Strumpfhosen, und darüber Socken für die Füße in den ausgelatschten Halbschuhen. Eine Obdachlose vielleicht, Schichtenkleidung gegen die Kälte und weil der Kleiderschrank fehlt. Schmutzig sah die Frau aber nicht aus, und die Hände, die eine große schwarze Handtasche aus imitiertem

* Token = U-Bahnmünze

Leder hielten, waren sauber. Ruth stand auf, ein fremder Mensch so nah, das hielt sie nicht aus, die Schulter der Frau hatte sie eben berührt, unangenehm war das gewesen.

Ruth fühlte sich unwohl, schwitzte, ging auf dem Bahnsteig hin und her, die Farbige saß auf der Bank, sah ihr nach, dann kritzelte sie etwas auf ein Couvert, steckte es in die schwarze Tasche auf ihrem Schoß, Ruth beobachtete sie beiläufig, wenn sie an der Bank vorbeikam, und es schien ihr, als beobachte die Frau sie auch. Da, endlich, der Local, man hörte ein fernes Donnern, das schnell näher kam, fast wie ein Erdbeben, dachte Ruth. In Hollywood, in den letzten Ferien, da hatte sie ein Erdbeben am eigenen Körper gespürt, in einem Metro-Schacht wie diesem hier, ein fernes Grollen, dann hatte es laut gedonnert, der Boden war zerborsten, Wasserleitungen waren zerplatzt, Stromkabel blitzend zerrissen, und die Straßendecke war heruntergebrochen samt einem Tanklastwagen, doch bevor der explodieren konnte, war der Touristenbus weitergefahren, hatte die Halle von Universal Pictures verlassen, alles eine einzige Simulation, und als Ruth sich umgedreht hatte, hatte sie noch gesehen, wie das Stück Straßendecke samt Tanklastwagen computergesteuert gehoben und nahtlos in die darüberliegende Straße wieder eingefügt worden war. Es war so wirklich gewesen. Der U-Bahnschacht hatte genauso ausgesehen wie hier.

Der Zug donnerte heran, er bremste und hielt. Ruth betrat irgendein Abteil, das gerade dort zum Halten gekommen war, wo sie stand, und setzte sich auf einen Platz. Und dann sah sie, daß sich die Farbige von der Bank auf dem Bahnsteig wieder neben sie gesetzt hatte, sie war, von Ruth unbemerkt, in dasselbe Abteil eingestiegen. Ruth sah sie an, die Frau sah zurück, es war wie ein elektrischer Kontakt. Nur keine Nähe zulassen, aber wegrutschen konnte sie nicht, auf der anderen Seite neben ihr saß ein zeitunglesender Puertorikaner, vielleicht war er auch ein Mexikaner, so genau konnte Ruth die Gesichter dieser Hispanics nicht einordnen. Nun drehte die Farbige den Kopf, sie hatte rotblond gefärbte, entkrauste Hasse, die steif von ihrem Kopf abstanden, sah Ruth an und grinste, es war ein überlegenes Lächeln, warte nur, du kriegst schon noch dein Fett, die wulstigen Lippen gaben weiße, kräftige Zähne frei, Ruth sah schnell weg, beinahe hätte sie zurückgelächelt, demütig, ein Impuls, das hätte gerade noch gefehlt.

Was wollte die von ihr, irgendwas mußte sie wollen, das war doch kein Zufall, die Bank, der Zug, dasselbe Abteil, vielleicht verfolgte die Frau sie jetzt, weil sie ihr kein Trinkgeld gegeben hatte.

Wieder hielt der Zug. Noch zwei Stationen, dann mußte Ruth aussteigen. Da fühlte sie plötzlich etwas Kühles, Weiches auf dem Schoß, die schwarze Tasche, die Farbige grinste und sagte: Halt mal einen Augenblick, Darling. Dann sprang sie aus dem Abteil, der Zug fuhr schon wieder los, halt, wollte Ruth schreien, hielt die Tasche in der Hand, die schwarze Plastiktasche der Farbigen, und, was soll ich mit dieser Tasche, halt, so warten Sie doch, aber der Zug fuhr schon wieder, Ruth sah durch das Fenster, sah, wie die Frau ihr noch zuwinkte, die Treppe hochlief, dann verschwunden war, die U-Bahn-Station verschwand auch, immer kleiner, der Zug war wieder im Tunnel, unterwegs zur nächsten Station. Ruth stand da, die Tasche in der Hand, der Hispanic kaute, las weiter, er war nicht interessiert, er war in die Zeitung vertieft, las etwas Spannendes, ein Mord, eine Vergewaltigung oder so, das stand jeden Tag in der Zeitung, in einer Schule in Brooklyn hatten sie gestern zwei Schüler erschossen. Warum sollte ihn eine Handtasche interessieren.

Ruth setzte sich, die schwarze Tasche in der Hand. Sie war hilflos, nur weil sie eine schwarze Tasche in der Hand hielt. Die Station, an der sie aussteigen mußte, kam. Dingdong, aber Ruth konnte jetzt nicht mehr aussteigen, mit der fremden Tasche in der Hand. Sie wußte nicht, was sie tun sollte. Halt mal einen Augenblick, Darling, hieß das, daß Ruth die Tasche nur aufbewahren, gleich wieder zurückgeben sollte, wem denn wohl, kam die Farbige wohl irgendwann wieder, wer merkte sich schon die Zugnummer, die am Abteil stand, fand denselben Zug wieder, wie lange sollte Ruth hier auf sie warten, mit diesem Local durch die Stadt fahren, sie hatte Besseres zu tun, und wie sollte die Frau überhaupt wieder hier auftauchen können, wo sie doch vor drei Stationen bereits den Zug verlassen hatte?

Ruth war jetzt bereits fünf Meilen weiter, und die kühle

schwarze Tasche brannte in ihrer Hand. Vielleicht war in der Tasche ein Portemonnaie mit einer Creditcard und dem Namen der Frau, nein, Unsinn, natürlich hatte die keine Creditcard, bestimmt auch kein Portemonnaie, aber vielleicht fand sie einen Zettel, eine Adresse oder Telefonnummer, irgendwas.

In der Station Liberty Avenue war es leer, niemand saß auf der Bank, zum Glück, keiner konnte Ruth beobachten, sehen, wie sie in einer fremden Tasche herumschnüffelte. Ihre Hand tauchte tief in die Tasche, sie schien wahllos vollgestopft, der Pappbecher, ein paar Münzen, eine Plastiktüte mit Nylonstrümpfen, ein paar gebrauchte Papiertaschentücher. Dann ertastete sie etwas Eckiges, Schweres, eine Schachtel, fand ein Briefcouvert, darauf stand »Für dich«, und Ruth wußte sofort, daß sie diesen Brief öffnen würde. »Für dich«, *sie* war gemeint, die ganze Zeit hatte die Frau *sie* gemeint, *sie* verfolgt, hatte *ihr* die Tasche auf den Schoß gedrückt, die zwei Worte waren eilig geschrieben, wie auf den Knien, die Buchstaben nachlässig geformt, und da war auch der Kugelschreiber, bestimmt, mit diesem Kugelschreiber war das Couvert beschriftet worden.

Ruth riß das Couvert auf, und dann überschlugen sich die Handlungen, ehe sie richtig begriffen hatte, was auf dem Zettel stand, der in dem Briefcouvert steckte. Sie sprang auf, sah auf die Uhr, es war viertel nach zehn, nur noch fünfzehn Minuten, was tue ich, ob ich nach oben laufe, Bescheid sage, den Schalterbeamten informiere, zum Teufel, wohin damit, vielleicht in den Papierkorb, natürlich kein Cop in der Nähe, verflucht, warum gerade ich, sonst wurden immer nur die anderen bedroht, ermordet, bestimmt ist das Ding in dem Karton, mal eben eine kleine Bombe basteln, sie in eine schwarze Tasche packen, halt mal, Darling, also doch eine Verrückte, ich habe es ja gleich gewußt, dieser Blick, mein Gott, wie viele Verrückte es in dieser Stadt gibt, die aus irgendeinem Grund oder ohne Grund, egal, jemanden draufgehen lassen wollen, gestern noch hatte in allen Zeitungen gestanden, daß ein dreißigjähriger Buchhalter einfach losgeschossen hatte, in einem Zug, der von Manhattan aus aufs Land fuhr, hatte losgefeuert auf die verängstigten Kaninchen von Passagieren in dem Abteilkäfig, fünf hatte er erwischt, und sein Magazin hatte er ganz leerschießen können, bevor sich jemand an ihn herangetraut hatte, gestern hatte ich Glück, heute bin ich dran.

Ruth rannte die Treppe ein Stück hoch, dann blickte sie wieder zur Uhr, diesmal zu ihrer Armbanduhr, was, wenn die falsch ging, es vielleicht schon kurz vor halb war, um *halb elf* schon, das stand auf dem Zettel, sie drehte sich um, lief wieder die Treppe runter, kein Mensch zu sehen, da, ein Abfallbehälter, hinein mit der fremden Tasche, egal, nur weg hier. Dann raste sie die Treppe hoch, war auf der nächsten Ebene, ein anderer Bahnsteig mit ein paar Leuten, hauptsächlich Frauen, ein alter Mann, nahm dann die Rolltreppe, rannte auch diese hoch, die unbeirrt ihren Weg ins Licht nahm, draußen schneite es schon, der Wetterbericht hatte recht behalten, und Ruth stürzte in das dichte Schneegestöber hinein, das sich hinter ihr wie ein Schallschutzvorhang schloß.

Sei nicht so nervös, Ruthie, sagte Dan, der vor dem Fernseher saß und die Abendnachrichten sehen wollte, laß mich fernsehen, warum soll ich nicht fernsehen, wer weiß, was heute wieder los war in der Stadt. Er hatte vor sich eine Kollektion verschiedener Salate vom Deli an der Ecke stehen, sprach mit vollem Mund, es schmeckte ihm gut, es roch nach Zwiebeln und einem Hauch Knoblauch.

Ruth hatte die Flucht in die Küche ergriffen. Seit wann hast du Angst vor dem Fernseher, sei nicht so zickig, hatte Dan gesagt. Nein, sie wollte nichts wissen, nichts sehen, nicht hören, wie viele Verletzte oder sogar Tote, abgerissene Arme, ihre Schuld war es, jawohl, ihre Schuld, aber was hätte sie tun sollen, und für die Polizei war es sowieso zu spät gewesen. Dieses verdammte Fernsehen, keinem hatte sie von der Tasche erzählt, von dem Karton darin, dem Couvert, niemandem würde sie jemals von der Frau erzählen. Sie sah den Tanklaster mitsamt der Straßendecke runterbrechen, hinein in die Station Liberty Avenue, und die Frauen und den alten Mann, die dort auf den 8th-Avenue-Express warteten, sah sie nicht mehr, und der Herzschlag all dieser Menschen dröhnte in ihrem Kopf.

Dan kam in die Küche. Was ist, Ruthie, willst du nicht auch etwas essen? fragte er. Nun sag schon, Liberty Avenue, nicht wahr, eine Bombe, sie haben doch davon berichtet, im Fernsehen, nun sag schon, rief Ruthie. Was meinst du, fragte Dan zurück, Liberty Avenue, ist das nicht irgendwo in Brooklyn, nein, im Fernsehen haben sie nichts von einer Bombe gesagt, ausnahmsweise. Sonst passiert ja beinahe jeden Tag etwas, aber heute war es ganz friedlich in der Stadt.

Da brach Ruth in Tränen aus, heulte und heulte, saß da auf ihrem Küchenstuhl und heulte, als ob der Hoover-Staudamm gebrochen war, und Dan mußte schließlich auch noch Ruths Deli-Portion aufessen, er solle sich das Essen an den Hut stekken, sie sei ja so froh, und vielleicht habe die Frau ja doch nur einen Spaß mit ihr machen wollen, einen verdammt gemeinen Spaß.

Dan verstand kein Wort. He, Ruth, du hast bestimmt Fieber, sagte er, sicher hast du dir heute eine Erkältung geholt, sagtest du nicht, du wärest eine Stunde lang durch das Schneetreiben nach Hause gelaufen? Warum hast du eigentlich nicht die U-Bahn genommen, wie sonst?

## Bettina Kenter

# Zahltag

SOZIALAMT MÜNCHEN I MITTE. Zwei Minuten nach acht. Die unteren Türen sind bereits offen, die einzige kleine Bank am Informationsschalter ist schon besetzt. Ich stelle den Buggy im Hausgang ab. Schiebe die Bremse rein. Beuge mich zu dir. Löse deinen Gurt. Hebe dich heraus; ziehe dir den Anorak aus; setze dir die Mütze ab, nehme dich auf die Hüfte. Jetzt müssen wir erstmal warten, weißt du, oben werden die Türen erst um viertel nach acht geöffnet... Du niest. Ich hätte dir doch einen Schal umbinden sollen, hoffentlich gibt das nicht gleich wieder eine Herbst-Erkältung: nächste Woche hab ich einen Drehtag, sei da bloß nicht krank, bloß nicht... Ich gehe mit dir auf der Hüfte auf und ab. Die Gesichter der Leute, die da auch warten, sind Gesichter von Leuten, die schon mal bessere Tage gesehn haben. Den Mann vom Informationsschalter sah ich gestern betrunken auf der Straße.

Meine Augen brennen; die Luft ist grau von kaltem Rauch. Ich hab' schon mal bessere Tage gesehn. Komm auf die andere Hüfte, so... Ein Türke bietet uns seinen Platz auf der kleinen Bank an. Ich danke; setze mich; halte dich auf dem Schoß. Betrachte die Gesichter der Leute, die da auch warten.

Der Mann vom Informationsschalter geht mit einem großen Schlüsselbund die Treppe hinauf. Die Wartenden stürzen im Wettlauf die Treppen hinauf, hinter ihm her. Eine alte Frau und ich, mit dir auf der Hüfte, kommen als letzte an im zweiten Stock.

Zehn vor neun. Inzwischen wolltest du den Busen; das Treppenhaus erkunden; dreimal A-a-Gehn ohne zu müssen; das Licht auf dem Flur an- und ausknipsen. Inzwischen hast du dir ein Bilderbuch von mir vorlesen lassen, und einen Riegel Schokolade verspeist, den die alte Frau dir geschenkt hat. Du zeigst mir deine schokoladenverschmierte Hand. Ich krame nach dem letzten Papiertaschentuch.

Wir sind dran.

Ich greife nach Tasche, Mütze, Anorak. Nehme dich auf den Arm; liebevoll legst du deine Schokohand um meinen Hals. Mit dem Ellbogen drücke ich die Tür zum Zimmer Nummer fünfzig auf. »Grüß Gott, mein Name ist Glessner«, (ich stelle Tasche, Mütze, Anorak und dich am Boden ab, und krame nach dem letzten Papiertuch). »Bitte nehmen Sie doch Platz, Frau Glessner.« (Der Sachbearbeiter sucht meine Akte raus. Ich bin immer noch im Mantel. Mit mütterlicher Spucke auf dem Tempo versuche ich, deine Hände und deinen Mund abdruckfrei sauber zu kriegen.) »So, Frau Glessner?!« »Tja – also – ich wollte mich erkundigen, weshalb die Sozialhilfe in diesem Monat nicht gekommen ist – die wird mir ja immer zum ersten überwiesen – aber heute ist schon der zweiundzwanzigste... (du kletterst mir auf den Schoß, rupfst an meinem Kleid; ich zeige dir den Kugelschreiber, der auf dem Tisch in einer schweren Halterung hängt, den mit Silberkette, und wackle damit; du greifst danach.) »Ja, das Geld, das müssen Sie jetzt immer selbst abholen.« »Und warum?« (Du beginnst, mit dem Kugelschreiber auf dem Tisch herumzumalen; ich schiebe dir einen der herumliegenden Merkzettel unter.) »Technische Gründe, das geht nicht mehr – und überhaupt: arbeiten Sie eigentlich schon wieder?« (Der Kugelschreiber hat sich aus der Halterung gelöst und fällt zu Boden. Ich bücke mich danach, hebe ihn auf, lasse ihn an seiner silbernen Kette vor dir baumeln, du greifst danach.) »Sicher, hin und wieder, das wissen Sie ja, ab und zu arbeite ich...« (du angelst nach den Stempeln; ich gebe dir einen und halte den verkritzelten Merkzettel so, daß du nicht auf den Tisch stempeln kannst). »...aber die Abrechnungen: Einkünfte, Unkosten, die schicke ich Ihnen ja immer monatlich zu...«, (du stempelst jetzt, nach deiner, auch meine Hand). »Eben! Sie verdienen da mal zweihundert, mal dreihundert Mark, und letzten Endes können wir Ihnen dann doch nie was abziehn von der laufenden Hilfe, wegen diesen ganzen Kinderbetreuungskosten!« (Du willst runter von meinem Schoß; zwischen meinen Beinen stehn.) »Na ja, ohne Kinderbetreuung kann ich nicht arbeiten!» »Und die verlangt zehn Mark in der Stunde?!« (Du stößt mit dem Kopf gegen die Schreibtischkante und fängst an zu schreien.) »Na hören Sie mal, die Babysitterin ist gut!« (Ich nehme dich wieder auf den Schoß.) »Ich bin froh, daß ich überhaupt jemanden gefunden hab, wo ich mein Kind ab und zu lassen kann!« (Dein Weinen läßt nach, doch zum Trost willst du nun den Busen. Ich öffne das Kleid.) »Also, wenn wir mit jedem hier so viel Rechenarbeit hätten, wie mit Ihnen... bleiben Sie doch zuhause! Sie *müssen* ja nicht arbeiten!« »Wollen Sie mir jetzt vorwerfen, daß ich mich bemühe, unabhängig von der Sozialhilfe zu werden, oder was?! Ich versuche, Kontakt zu meinem Beruf zu halten, auch wenn mir dabei im Augenblick kein Verdienst bleibt, weil ich Unkosten habe und Sie den Rest wieder abziehn!« (Du läßt ab von mir. Ich ziehe das Kleid über die Brust.) »Ich schicke Ihnen am Monatsende die Belege, Sie berechnen das, und überweisen mir den Lebensunterhalt, was ist daran unmöglich? So langsam hab' ich den Verdacht, daß das eine Schikane ist, eine Retourkutsche auf unsere Gerichtssache neulich wegen der Heizkosten, die Sie nicht zahlen wollten... schon seltsam, daß genau einen Monat später der Unterhalt nicht überwiesen wird, oder?!« (Du grapschst nach dem obersten Blatt eines säuberlich gestapelten Formularstapels. Der ganze Stapel fällt zu Boden.) »Ja ... also... dann überweisen wir's Ihnen halt wieder... mir ist das gleich... aber erst zur Monatsmitte! Frühestens zur Monatsmitte, bitte, wenn Ihnen das reicht?« (Ich sammle die Merkblätter wieder auf; gebe dir eines davon, und staple die anderen wieder auf dem Tisch, außerhalb deiner Reichweite. Du kaust an dem Blatt herum.) »Und jetzt, für diesen Monat, nehme ich das heute in bar mit, oder wie?« »KönnenSiekönnenSie.« (Du hast dich an einem Papierfetzen verschluckt und hustest. Ich klopfe dir auf den Rücken. Du würgst mir das feuchte Krümelchen in die Hand.) »Ach ja – noch was: Meine Waschmaschine ist kaputt, ich wollte da die Übernahme der Reparaturkosten beantragen.« »Waschmaschine? Sie haben ja gar kein Anrecht auf eine Waschmaschine...« (Ich stehe mit dir auf der Hüfte auf, um das ausgespuckte Papier in den Abfallkorb zu werfen und das zerknüllte Tempotuch, das ich noch immer in der Hand halte) ... Sie haben ja erst ab zwei Kindern Anrecht auf eine Waschmaschine!« »Ich will ja auch keine Waschmaschine, ich möchte nur die Reparaturkosten...« (Du willst vom Schoß; willst zwischen meinen

Beinen stehn; fingerst aus der offenen Tischschublade Büroklammern heraus.) »Also *die* sind im Regelsatz drin!« »Wohl kaum; *kleine* Reparaturen sind da inbegriffen, aber das ist ja... da muß ja jemand ins Haus kommen, und die Handwerker-Stundenlöhne sind höher als die von Babysitterinnen!« (Du steckst eine Büroklammer in den Mund; nicht, mein Herz, komm auf den Schoß, schau, ich zwick' dir ein Papierchen zusammen, schau, so...) »Ja, was ist denn da kaputt an der Maschine?« (Du zupfst die Klammer wieder ab vom Papier, gibst sie mir; ich zwicke sie wieder dran, du zupfst sie wieder ab, gibst sie mir.) »Die Schleuder spuckt Wasser, jedesmal!« (Die Büroklammer fällt zu Boden; du beugst dich weit von meinem Schoß; vergißt die Klammer; spielst mit dem Reißverschluß meiner Handtasche.) »Aber waschen tut sie noch?« »Ja, das schon...« »Ja, das ist doch dann nicht so schlimm!« »Nein, klar! Ich kann auch drei Maschinen pro Woche oder vier mit der Hand auswinden«, (du willst an den Busen) »bloß hab' ich dann wohl kaum noch viel Zeit, mich neben Kind und Haushalt auch noch um meinen beruflichen Wiedereinstieg zu kümmern!« »Also, wir haben hier mehrere Frauen, die arbeiten und haben Kinder und waschen ihre Wäsche mit der Hand... außerdem haben Sie ja kein Anrecht auf eine Waschmaschine, also auch nicht auf Reparatur; Sie stellen ja ziemliche Ansprüche!« »Ich stelle keine Ansprüche, ich versuche, meine Rechte wahrzunehmen. Soll ich mir ein zweites Kind anschaffen, nur um 'ne Waschmaschine zu kriegen, 'ne ganze, nicht bloß die Reparatur? Nehmen Sie jetzt ein Antragsformular und schreiben Sie bitte: ›Waschmaschinen-Reparatur, keine geringfügige Reparatur, Übernahme der Kosten beantragt‹... und wenn's nicht klappt, dann probieren wir's halt wieder mal per Anwalt!« »Naja, mir ist das gleich, da, bitte, lesen Sie's noch mal durch, das ist *Ihr* Antrag, vielleicht wird's ja auch bewilligt, mir ist das ja gleich.« »Bestens. Vielen Dank.« »Noch was?« »Ja, Sie wollten mir den Zettel für die Barauszahlung geben.« »Ach ja; wieviel kriegen Sie? Also...« (du schnaufst tief... oje ... bist eingeschlafen auf meinem Schoß, grade jetzt...). »Also, dann Danke und auf Wiedersehn.« »Auf Wiedersehn, Frau...« »Glessner.« »...Glessner.« Ich halte dich im Arm, und nehme Auszahlungsschein, Tasche, Mütze, Anorak.

Du wirst wach und willst den Kugelschreiber mitnehmen; quengelst, als ich es dir verwehre. Ich trage dich aus der Tür; nein, ich hab' so viele Sachen, mußt laufen jetzt, Mäuslein... ich gehe mit dir an der Hand langsam vier Treppen hinunter. Meine Knie sind weich. Tapptapp, tapptapp gehst du.

Plötzlich fällt mir ein, was ich träumte heute nacht. Ich sollte hingerichtet werden. War verurteilt wegen eines geringfügigen Deliktes... irgend... eine Kleinigkeit... richtig: verurteilt war ich wegen eines Sexualvergehens. Das ich gar nicht als Vergehen empfand. Aber strafbar war's. Ich sollte hingerichtet werden. Und war ganz gefaßt. Und dachte nur besorgt: wie bringe ich das dir bei? Daß du nicht denkst, ich hätte dich im Stich gelassen... Tapptapp, tapptapp gehst du an meiner Hand.

Im Kassenraum eine Schlange von Wartenden. Dich auf der Hüfte, krame ich meinen Personalausweis aus der Tasche. Zwölfhundertundfünf Mark Miete; hundertfünfzig Mark Heizung, Gas, und Strom. Achtzig Mark Versicherungen... Und zum Leben, für dich, und mich, zum Essen Trinken Kochen Waschen Bügeln Windelkaufen Poeincremen Zeitunglesen, zum Zoogehn oder Schwimmengehn, zum Briefeschreiben, Kinderarztanrufen Trambahnfahren Kontaktlinsenpflegen Schuhebesohlen Haareschneiden Zahnbürstenkaufen Katzefüttern Bücherlesen zersprungene Teekanne ersetzen Heizlüfter reparieren Pulswärmer stricken Teppichreinigen Glühbirnen erneuern Karussellfahren Klopapierkaufen Eisspendieren, Auas mit Pflaster versorgen: vierhundertsechsundachtzig Mark. Zweihunderteinundneunzig Mark Alimente für diesen Monat sind schon auf meinem Konto, und hundertvierzig Mark Kindergeld für diesen und den nächsten; das haben sie schon abgezogen von der HILFE ZUM LEBENSUNTERHALT...

Es ist halb zehn. Um zehn wäre ein Vorstellungstermin für eine kleine Fernsehrolle im nächsten Monat; den schaff' ich nicht mehr; müßte vorher noch nach Hause, dich zur Freundin bringen, mir die Haare waschen... ach komm, wir gehn gemütlich zu Fuß nach Hause. Und leisten uns noch einen Kaffee im Café. Ist ja eh wurscht...

In der Fußgängerzone bayerische Volkslieder. Zwei Burschen in ledernen Kniebundhosen. Gitarre, Akkordeon. Breite Schultern, großes Lächeln. Weiße Zähne, volle Stimmen. Viele Leute drumherum im Halbkreis. Es ist sonnig geworden. Mildwarm. Herbstlich. Wir bleiben stehn. Du klatschst in die Hände zur Musik, hüpfst im Buggy, streckst deine Arme aus. Ich nehme dich auf die Hüfte. Meine Knie sind weich, mein Rücken schmerzt. Wir tanzen. Ich halte dich fest, und die Tasche mit unserem Geld.

»O mei, Maderl, was fangst denn jetzt oo,
Hast a kloans Kind und koan Moo...«

»Mama«, sagst du, »A-a. A-a.«

Und ich gehe rasch beiseite mit dir und beeile mich, deinen Anorak zu öffnen, denn du bist ohne Windeln.

»...hast a kloans Kind und koan Moo...«

# *Bibliographische Daten*

GABI BLAUERT, 1964 in Bübbenau, DDR, geboren, Lehre als Baufacharbeiterin mit Abitur in Dresden, Beleuchterin, Regieassistentin, Schauspieldramaturgin; danach Studium der Theaterwissenschaft an der Humboldt-Universität, Berlin; Mitarbeit an Filmen. Zwei Jahre Ausbildung an der Henri-Nannen-Schule Hamburg. Drehbuchautorin, 1993 Stipendiatin der Stiftung Kulturfonds; z. Zt. Meisterschülerin an der Akademie der Künste, Berlin und Arbeit an einem neuen Drehbuch. Bisher keine Veröffentlichungen.

ENRICO DANIELI, 1952 in Zürich (CH) geboren. Arzt. 1984 Erster Freiburger Literaturpreis; 1993 Gerhard Fritsch Preis, Salzburg.

Veröffentlichungen: »Reisen nach Striland«, Erzählung; »Schatten der Nacht«, Erzählungen. Beide Otto Müller Verlag, Salzburg 1994.

SOPHIA DEEG, 1952 geboren. Studium der Germanistik und Anglistik; Ausbildung zur Übersetzerin. Sie lebt heute mit ihrer 13jährigen Tochter in München und unterrichtet am Studienkolleg Deutsch als Fremdsprache. Bisher keine Veröffentlichungen.

LIESELOTTE DEGENHARDT, 1951 in Duderstadt (Kr. Göttingen) geboren, Schneiderin und Kursusleiterin für Seidenmalerei, sie arbeitet auch als Nachtwache. Seit 1990 schriftstellerisch tätig, 1992 Literaturpreis des Landkreises Göttingen für Kurzprosa. Bisher keine Veröffentlichungen.

SUSANNE FÜLSCHER, 1961 in Stelle bei Hamburg geboren, Studium der Germanistik, Romanistik und Pädagogik. Nach Studienabschluß Besuch der Axel-Springer-Journalistenschule, danach Tätigkeit als Kulturjournalistin. Heute schreibt sie Drehbücher und verfaßt neben Kinderbüchern auch emanzipatorische Mädchenliteratur.

Veröffentlichungen u. a.: »Ins gemachte Nest«, Verlag Cornelia Riedel, 1992; »So unnahbar wie Yeliz«, erscheint 1995 im Ensslin Verlag.

Walter Gnelli, 1952 geboren, Diplomsoziologe, lebt in Berlin. Bisher keine Veröffentlichungen.

Christina Günther, 1962 geboren, Lehre als Buchbinderin, Facharbeiterin in einem Buchbindereibetrieb, 1985 Einrichtung einer eigenen Werkstatt und künstlerische Gestaltung von Bucheinbänden. Seit 1989 intensivere schriftstellerische Betätigung; verschiedene Literaturpreise, u. a. 1992 den Walter-Serner-Preis des Sender Freies Berlin; 1993 Teilnahme am Ingeborg Bachmann-Wettbewerb in Klagenfurt und Preisträgerin des Hörspielwettbewerbs des WDR.

Veröffentlichung: »Nahe der Grenze«, Erzählung, Igel-Verlag, Paderborn 1994.

Monika Helfer, 1947 in Au im Bregenzerwald / Voralpen geboren; sie ist Mutter von vier Kindern und lebt als freie Schriftstellerin in Hohenems / Vorarlberg.

Zahlreiche Veröffentlichungen u. a. »Ich lieb Dich überhaupt nicht mehr«, Roman, Piper Verlag, München 1989; »Oskar und Lilli«, Roman, Piper Verlag, München 1994.

Ursula Hochstätter-Klomp, 1945 geboren, Studium der Germanistik in Köln, seit 1981 Autorin.

Veröffentlichungen u. a. im Suhrkamp Verlag; dtv; C. H. Beck; in Fachzeitschriften sowie im Rundfunk.

Edda Helmke, 1964 geboren, Studium in Würzburg und Berlin, sie arbeitet in einer Buchhandlung und lebt in Berlin. Bisher keine Veröffentlichungen.

Marcus Jensen, 1967 in Hamburg geboren, z. Zt. Studium der Literatur und Philosophie in Hamburg. Bisher kleinere Veröffentlichungen.

Preisträger des Bettina-von-Arnim-Preises (3. Preis).

Bettina Kenter, 1951 in Wiesbaden geboren, Schauspiel- und Gesangsausbildung, Italienaufenthalt und Besuch der Schauspielschule des Piccolo Teatro Mailand. Verschiedene Schauspielengagements u. a. in Mailand, Ingolstadt und Luzern. Fernsehserie in Australien. 1980 Rückkehr nach München, Geburt einer Tochter. Verschiedene therapeutische Fortbildungen, seit 1993 hauptberuflich Synchronsprecherin und Synchronbuchautorin. Bisher keine Veröffentlichungen.

Heidelore Kluge, 1949 geboren, abgebrochenes Pädagogikstudium, abgebrochene Ehe. Sie arbeitete als Übersetzerin und Dokumentarin in der Raumfahrtindustrie, als Landwirtin und Schweinezüchterin. Jetzt freie Journalistin (Reportagen, Interviews, Berichterstattung über Osteuropa) und Studium der Anglistik und Osteuropäische Kulturgeschichte. Bisher keine literarischen Veröffentlichungen.

Roland Koch, 1959 geboren, Studium der Allgemeinen Literaturwissenschaft, Dr. phil., lebt als freier Autor in Köln. Verschiedene Arbeitsstipendien, z. B. 1993 Förderpreis des Landes NRW, 1994 Aufenthaltsstipendium im Literarischen Colloquium Berlin 1994.

Zahlreiche Veröffentlichungen u. a. »Die tägliche Eroberung«, Roman, Köln, Kiepenheuer & Witsch, 1991; »Der Zaubermantel«, Erzählungen (erscheint 1995 bei Kiepenheuer & Witsch, Köln).

Klaus Modick, 1951 in Oldenburg geboren, studierte in Hamburg und promovierte 1980 mit einer Arbeit über Lion Feuchtwanger. Nach verschiedenen Jobs, u. a. als Werbetexter und Lehrbeauftragter an der Universität Hamburg, lebt er heute als freier Schriftsteller bei Oldenburg i. O.

Zahlreiche Veröffentlichungen, u. a. »Das Licht in den Steinen«, Roman, Suhrkamp Verlag, Frankfurt am Main 1992; »Der Flügel« (erscheint im Herbst 1994 im Suhrkamp Verlag, Frankfurt am Main).

Preisträger des Bettina-von-Arnim-Preises (2. Preis).

ANGELIKA MRUK-BADIANE, 1956 in Dortmund geboren, Studium der Soziologie und Wirtschaftswissenschaften. Berufliche Tätigkeit als Lektorin für Unterrichtsmedien und in der Erwachsenenbildung. Bisher keine Veröffentlichungen.

HELGA PANKRATZ, 1959 in Wr. Neustadt geboren, Übersetzer-Studium, danach Studium der Psychologie. Sie arbeitete u. a. als Setzerin und Lektorin in linken und alternativen Verlagen und Zeitschriften. Mehrere Literaturpreise u. a. Hans-Weigel-Literaturstipendium des Landes Niederösterreich 1992.

Zahlreiche Veröffentlichungen in Literaturzeitschriften und Anthologien. »Ein Moment Leben«, Gedichte, merbod Verlag, Wiener Neustadt 1989.

BÄRBEL REETZ, 1942 in Hameln geboren, Studium der Germanistik und Anglistik, Schuldienst. Freie Mitarbeit beim Feuilleton von Zeitungen und Zeitschriften.

Veröffentlichungen von Lyrik und Prosa, intermediäre Zusammenarbeit mit Musikern und Bildenden Künstlern. Lebt seit 1991 als freie Schriftstellerin in Kiel.

Preisträgerin des Bettina-von-Arnim-Preises (1. Preis).

SONJA RÖDER, 1964 geboren, Studium der Germanistik in Mainz, Aufbaustudium Medienpraxis in Tübingen.

Veröffentlichungen u. a. »No name«, Drama, Bernd Bauer Verlag, Berlin 1994.

MICHAELA SEUL, 1962 in München geboren, arbeitet in einer Werbeagentur, um ihr Schreiben zu finanzieren.

Zahlreiche Veröffentlichungen von Kurzgeschichten, Erzählungen etc. in Anthologien und Zeitungen. Zuletzt: »Nachts brennen die Betten doch«, Erzählungen, Nöske Verlag, Berlin 1994.

Franz Sales Sklenitzka, 1947 geboren, Lehrerausbildung, dann unterrichtete er mehr als zwanzig Jahre an einer Volksschule. Lebt heute als Kinder- und Jugendbuchautor sowie Illustrator in Wilhelmsburg (Niederösterreich).

Geertje Suhr, 1943 in Prag (Tschechoslowakei) geboren, in Norddeutschland aufgewachsen. Studium der Germanistik, Romanistik, Geschichte und Psychologie. Fortsetzung des Germanistikstudiums in Illinois, Chicago und Urbana, Promotion. Arbeitet z. Zt. an einem Roman. Lebt in Chicago und Lüneburg.

Zahlreiche Veröffentlichungen in Anthologien und Zeitschriften sowie im Rundfunk. U. a. »Gesang im Flugzeug«, Gedichte, Verlag Klaus Guhl, Berlin 1990.

Antje Telgenbüscher, 1944 in Frankfurt an der Oder (DDR) geboren, aufgewachsen in Quakenbrück, Studium der Germanistik und Anglistik in Münster und York. Sie arbeitete als Verlagslektorin und Lehrerin, schreibt Sachtexte, Erzählungen für Erwachsene und Kinder sowie Gedichte. Sie lebt heute als freie Autorin mit Familie (4 Kinder) in Paderborn.

Christine Thiemt, 1965 in Innsbruck geboren, Übersetzerausbildung in Englisch und Spanisch, schreibt Gedichte (zweisprachig) und Kurzgeschichten. Sie lebt heute in Neckarsulm. Preisträgerin verschiedener Lyrikwettbewerbe. Bisher keine Prosaveröffentlichungen.

Anita Zieher, 1970 in Salzburg geboren, Jurastudium und Studium der Politikwissenschaft und Publizistik, Gründung der Literaturzeitschrift ILLEGAL, eine weitere Literaturzeitung (TEXTOUR) entstand in Berlin. Preisträgerin des Literaturpreises der Stadt Salzburg. Bisher keine Veröffentlichungen.

Die besten Kurzgeschichten
aus dem Bettina-von-Arnim-Preis 1993
der Zeitschrift »Brigitte«

175 Seiten. Serie Piper 1893

Diese Sammlung vereint auf hohem Niveau
das Verspielte und das Ernste, das Unterhaltende
und das Grüblerische, das Humoristische und
das Leidenschaftliche.
Ein ungewöhnlicher Einblick in die noch unbekannte
junge deutschsprachige Literatur.

---

PIPER

# Geschichten aus der Wirklichkeit

140 Seiten. Serie Piper 1492

Was fällt Autoren von heute zum Thema »Profit« ein? Der erste Wettbewerb um den Montblanc-Literaturpreis rief zur Einsendung von Geschichten zu diesem ebenso zentralen wie unliterarischen Stichwort auf.
Fast 2000 Autorinnen und Autoren folgten diesem Ruf. Neben der Montblanc-Preisträgerin 1991, Keto von Waberer, wählten die Jurorinnen und Juroren die ihrer Meinung nach fünfzehn besten Geschichten für diese Anthologie aus, die in ihrer Vielfältigkeit, in ihrer Mischung zwischen bekannten und unbekannten Autoren das Spektrum des literarischen Lebens der Gegenwart aufs deutlichste spiegelt.

---